Asia-Pacific Human Rights Review 2003

アジア・太平洋人権レビュー2003

Rights of Persons with Disabilities

障害者の権利

●

㈶アジア・太平洋人権情報センター（ヒューライツ大阪）編

はじめに
——障害をもつ人の尊厳と権利の保障へ

　世界人権宣言は、「すべての」人の尊厳と権利の平等について謳い、その後に締結された2つの国際人権規約も領域内のすべての人に対して権利を保障することを規定している。その後の数十年、国際社会はその「すべて」を本当の意味で「すべて」とするために条約制定やその他の行動によって取り組んできたといえる。そして、近年、今までの人権の保障の枠組みからほとんど取り残されてきた障害をもつ人の権利を保障しなければならないという動きが高まってきている。

　今日、世界の全人口の1割にあたる6億人以上の人が障害をもつといわれている。その多くの人たちがその障害を理由に社会への参加を阻害されたり、最も基本的な権利を否定されている。そのような人たちを「すべて」の人の中の一員なのだと認識し、その尊厳と権利を平等に確保していこうというのが、今見られている権利保障の動きである。

　国連は70年代から障害者の権利についていくつかの宣言を採択しているが、2002年7月から8月にかけて、前年の国連総会議決56/168で設置することが決められた「障害者の権利及び尊厳の促進及び保護に関する包括的かつ総合的な国際条約」の提案を検討する特別委員会の第1回会合が開催され、権利条約の成立に向けた道のりが現実味を帯びてきた。第2回会合が2003年6月に予定されているが、会合に向けて各国や各地域で権利条約に向けた議論が活発に行われ、この問題に対する認識を高めることにもつながっている。

　2002年10月に開催された障害者インターナショナル（DPI）世界会議札幌大会は、日本で開催されたそのような会議のひとつである。世界各地から3,000人以上の人たちが集まり、条約を含めた、障害をもつ人の権利について意見を交え、権利の確保と条約制定に向けた札幌宣言を採択した。

　この地域では、国連のアジア太平洋経済社会委員会のもとで、「アジア太平洋障害者の十年」が最終年を迎え、それを記念する大阪フォーラムが日本で同じく10月に開催された。2003年から2012年を新たな「十年」とすることがすでに採択されており、今度の「十年」は、「インクルーシブで、バリアフリーかつ権利に基づく社会」をめざすものとされ、障害をもつ人自身を主体とする各国のいっそうの取組みが期待される。

　日本国内では、近年バリアフリー法やハートビル法、欠格条項などの一部見直しなど進展は見られるものの、まだ物理的な障害のほかに社会の偏見や差別など障害をもつ人の平等な参加を妨げる要因が多く残る。日本でも福祉の一環としてだけでなく、障害をもつ当事者が参画した尊厳と権利を守るような政策の策定が望まれる。

　この特集では、このような展開を背景に、障害者の権利とはどういうこと

なのか、なぜ今障害者の権利の主張をしていかなければならないのか、ということを国連の場で、アジア・太平洋地域で、日本で、また障害をもつ人のなかのそれぞれの視点で取り上げ、この考え方の概要を明らかにしようとした。

最後に、企画にご協力いただいた金政玉DPI日本会議・障害者権利擁護センター所長をはじめ、執筆、翻訳などでご尽力いただいた皆さまにお礼を申し上げたい。

財団法人 アジア・太平洋人権情報センター所長
川島慶雄

はじめに 2

Part1 Rights of Persons with Disabilities
第I部 障害者の権利

Disability as a Charity to Human Rights Issue: Taking Control of Our Lives
8 **慈善から人権問題へ**
　私たちの人生をコントロールする
　ヴィーナス・M・イラガン　訳：小森 恵

Toward an International Human Rights Convention on Disability:
A Voice of Our Own in the Development of the Convention
11 **国連障害者権利条約の実現に向けて**
　障害者の声を盛り込むために
　川島 聡

Towards an Inclusive, Barrier-free and Rights-based Society:
Asian and Pacific Decade of Disabled Persons, 1st Decade to 2nd Decade
23 **すべての人のための、バリアフリーで、**
　権利に根ざした社会の構築をめざして
　アジア太平洋障害者の十年のこれまでとこれから
　秋山愛子

A Japanese Anti-Discrimination Act for Persons with Disabilities
38 **差別禁止法制定に向けて**
　池田直樹

Disabled Women
46 **障害をもつ女性**
　蛭川涼子

An Opinion of Users and Survivors of Psychiatry
57 **精神医療ユーザーの主張**
　山本深雪

第II部 アジア・太平洋地域の人権の動向
Part2 Development of Human Rights Activities in the Asia-Pacific Region

Development of Human Rights Activities in the United Nations and the Asia-Pacific Region
国連の動向とアジア・太平洋地域の人権

Human Rights Activities by UN in 2002
66 **2002年の国連の動き**
田中敦子／野上典江／米田眞澄／石川えり／岡田仁子

Reporting Status of Asia-Pacific Countries by the Treaty Bodies in 2002
80 **条約委員会による2002年のアジア・太平洋地域国別人権状況審査**
岩谷暢子

Views on Individual Communication Issued by the Treaty Bodies for 2002
96 **条約委員会による個人通報に関する見解**
岡田仁子

Development of Human Rights Activities by the Governments and NGOs in the Asia-Pacific Region
アジア・太平洋地域の政府・NGOの動向

United Nations General Assembly Special Session on Children
103 **国連子ども特別総会**
平野裕二

106 **資料1●アジア・太平洋国内人権機関フォーラム第7回年次会合最終結論**
訳：野沢萌子

Development of Human Rights Education in the Asia-Pacific Region
109 **アジア・太平洋地域における人権教育の動向**
ジェファーソン・R・プランティリア　訳：岡田仁子

Implementation and Follow-up to the World Conference against Racism, Racial Discrimination, Xenophobia and Related Intolerance, and its Declaration/ Programme of Action
113 **ダーバン宣言・行動計画の実施状況とダーバン会議後のフォローアップ**
川本和弘

Major International Human Rights Documents adopted in 2002
2002年採択の主要国際人権文書

116 **資料2●人種差別撤廃委員会一般的意見29──世系**
訳：村上正直

121 **資料3●自由権規約委員会一般的意見30──規約40条に基づく締約国の報告義務**
訳：藤本晃嗣

123 **資料4●社会権規約委員会一般的意見15──水に対する権利（11・12条）**
訳：申惠丰

137 **資料5●子どもの権利委員会一般的意見2──子どもの権利の保護および促進における独立した国内人権機関の役割**
訳：平野裕二

144 **資料6●札幌宣言・札幌プラットフォーム**
訳：DPI日本会議事務局

147 **資料7●障害者の権利実現へのパートナーシップに関する大阪宣言**

筆者紹介

Venus M. Ilagan ● ビーナス・M・イラガン
DPI（障害者インターナショナル）世界議長
Chairperson, Disabled Peoples International

川島 聡 ● かわしま・さとし
新潟大学大学院博士後期課程・国際福祉医療カレッジ非常勤講師
*Graduate School, Niigata University/
Lecturer, International Welfare and Medical College*

秋山愛子 ● あきやま・あいこ
国連アジア・太平洋経済社会委員会障害専門官
Program Specialist, UNESCAP

池田直樹 ● いけだ・なおき
弁護士（大阪アドボカシー法律事務所）
Attorney (Osaka Advocacy Law Office)

蛭川涼子 ● ひるかわ・りょうこ
DPI日本会議事務局
Disabled Peoples International Japan Council

山本深雪 ● やまもと・みゆき
大阪精神障害者連絡会編集局長・NPO大阪精神医療人権センター事務局長
*Editor in Chief, The Osaka Network of User & Survivor of Psychiatry/
Secretary General, The Osaka Human Rights Center of Mental Health*

第I部
Part1 Rights of Persons with Disabilities
障害者の権利

Disability as a Charity to Human Rights Issue: Taking Control of Our Lives

慈善から人権問題へ
私たちの人生をコントロールする

ヴィーナス・M・イラガン● Venus M. Ilagan

1. 慈善モデルから人権モデルへ

　世界の障害者運動の草分けの一人であり、DPI（障害者インターナショナル）の元会長および理事長の故ヘンリー・エンズ博士による研究は、西欧社会には障害者の処遇に3段階あることを示していた。これら3つの段階を見ることで、私たちは障害者問題に関する今日のダイナミズムの理解を深めることができる。

　研究は、段階1では、障害者は肢体不自由で乞食（物乞いから得た収入で家計を支えている）として見られたと明かしている。聖書に関する書物では、今もって道端に座って施し物を乞うている障害者の姿を描いた例が多数見られる。この行為は今日に至っても、アジア・太平洋の発展途上国を含む多くの途上国で共通して見られる光景である。

　それらの国々では、仕事の機会がないため、障害をもつ人は生存のために物乞いを強いられており、たいていの場合、家族はそれを十分承知しているし、奨励している。最悪の場合、より乞食らしく見せるために外見を傷つける障害者もいるといわれている。

　産業革命の時代、物乞いは多数のヨーロッパ諸国で不法とされた。障害者はたいてい、工場の仕事口をめぐって他の人々と競争することはできず、無職の状態に置かれた。もはや物乞いをすることもできないため、彼らには社会における役割がなかった。善意ある人たちは貧者の家を建て、「援助に値する貧者」と考えられていた障害者をそこに住まわせた。それは、障害を見て、障害を扱うときの慈善モデルの始まりとなった。最初は誠実な思いやりがきっかけであったが、やがてこれは介護を必要とする無力な個人として障害者を見るモデルを産み出すことになった。これは、障害者は社会に貢献できないという考え方を形成させた。

　貧者の家の数が増えるにつれ、制度的な枠組みが出現するようになった。200年をかけて、このサービスを主流とするモデルは、障害を扱うひとつのアプローチとして制度化された。まったくの善意にもかかわらず、それは障害をもつ人たちを社会からさらに切り離した。施設が増えるとともに、これら施設のスタッ

フとして働くさまざまな専門職も出てきた。これは、障害へのいわゆる医療モデル・アプローチを産んだ。その中では、障害者は病にかかった無力な人としてみなされた。専門職に就く人々は、次に、彼らの理解する範囲で障害者がもつ問題の解決策について決定する責任をとるようになった。

新しい技術が開発された第2次世界大戦を待つまでもなく、新しいアプローチが出現し始めた。技術の向上で、戦争帰還兵たちは、もはや離れた施設に隔離されることを喜ばなくなった。彼らは社会の一員になりたいと欲した。彼らの活動は新しい変化の到来を告げた。

20世紀後半は、北米および欧州における社会変革と社会運動の成立を特色とした。それは、黒人の解放を求めたアメリカ合衆国の公民権運動と、女性の平等な処遇を促進する女性運動あるいはフェミニスト運動で特徴づけられる。脱医療化運動によって、人々は、自分の健康を専門家に任せず自分で責任をとるよう求められた。

60年代および70年代の障害者の権利運動の発展とともに、障害に対する人権のアプローチが新しく展開され、重点が置かれるようになった。このアプローチは、障害者を、権利を有する市民として認識し、社会への統合と包括を促進することを特徴とする。1981年のDPI設立を含め、世界のあちこちで障害者の権利団体が結成されたことに動かされ、人権のアプローチは根本的なパラダイムの切り替えをもたらした。このアプローチは、1982年に国連で採択された障害者に関する世界行動計画に取り入れられた。

国連世界行動計画は、それぞれの国で、市民としての障害者の権利を促進、保護するのは政府の責任であると認めている。それはまた、障害者が自らを組織し、それぞれの国の政策や計画を変えるうえで積極的な役割を果たす権利を促している。これは、障害者の生活に影響を及ぼす意思決定に障害者が参加することの重要性を認めている点で、大きな意義がある。

2. すべての人々のために社会を建設する

本当に長い間、障害をもつ人たちは孤立させられ、発展の権利を全面的とはいわないまでも無視され、発展に貢献する彼らの潜在力は見過ごされてきた。

だが時代は変わった。1981年の国連による「国際障害者年」の宣言、1983年から1992年まで続いた国連障害者の十年、そして1993年から2002年のアジア太平洋障害者の十年と、すべてが障害に対する態度に大きな変化が生まれることを予告した。新しいアプローチは障害(disability)ではなく能力(ability)を強調している。それは障害者の権利、選択の自由そして平等な機会を促進している。それは、これまでと違い、障害者のニーズに環境を適合させようとしている。それは、障害者が社会の積極的な一員として十分な責任をとれるよう、社会に障害者の支援を促している。

3.障害者の権利条約
　　への道

　2001年9月、国連総会でメキシコがとったイニチアチブのおかげで、世界の障害者コミュニティは、障害者の権利に関する国家間の拘束力ある協定の作成に参加する機会を得るようになった。「障害者の権利及び尊厳の保護及び促進に関する包括的かつ総合的な国際条約」は、障害者の権利条約の草案作りの始まりを告げた。

　今や、条約の役割と内容に関する議論で自らの声を届けることができるかどうかは、障害者運動にかかっている。条約の必要性について運動内に合意があるのは明らかだ。

　障害者の権利条約作成のすべての段階に障害者運動の代表が必ず関与するよう保障することは、非常に重要である。障害者のコミュニティが意見を表明する機会は、国内レベルであれ国際レベルであれ、多数提供されている。これは、私たち障害者がまさに長年夢みてきた機会であり、見逃すことも無駄にすることも許されないものである！

（訳：小森 恵）

Toward an International Human Rights Convention on Disability:
A Voice of Our Own in the Development of the Convention

国連障害者権利条約の実現に向けて
障害者の声を盛り込むために

川島 聡 ●Kawashima Satoshi

1.はじめに

　国連の障害者政策は従来、障害予防やリハビリテーションなどの医療福祉分野の技術援助活動を中心とする社会開発政策を基調としており[1]、1960年代末まで障害者の国際人権基準が設けられることはなかった。しかし1970年代から、知的障害者の権利宣言（1971年）、障害者の権利宣言（1975年）、障害者に関する世界行動計画（1982年）、精神病者の保護と精神保健の改善に関する原則（1991年）、障害者の機会均等化に関する基準規則（1993年。以下、基準規則と略す）といった国際文書が国連総会で採択されるようになる。とりわけ基準規則は、障害者に関する主要な国際人権基準として今日認知されている。それを明瞭に謳ったのが、基準規則に反する行為が障害者の人権侵害であることを認めた国連人権委員会決議1998/31であり、基準規則を社会権規約の主たる参照指針とした社会権規約委員会一般的意見5である[2]。

　もっとも、障害者を対象としたこれらの国際文書はいずれも形式上は法的拘束力をもつものではない。実際、法的拘束力のある障害者差別撤廃条約（障害者権利条約）を成立させるべきとの主張が、1980年代後半に一部の政府により国連で提起されていたものの、それは失敗に終わっている。しかし1990年代後半から、「障害は人権問題である」（Disability is a human rights issue）という主張とともに、障害者団体を中心に障害者権利条約を希求する声が再び高まってきた。そうしたなか、ようやく2001年12月19日に第56回国連総会に

1）拙稿「障害者の国際人権保障の歴史的展開 第2回──技術援助活動から人権基準設定へ（1945-1971年）」手話コミュニケーション研究43号（2002年）60～72頁参照。
2）拙稿「障害者の国際人権保障の歴史的展開 第1回──障害者に関する国連人権保障システム」手話コミュニケーション研究41号（2001年）50～61頁参照。

おいて、メキシコ政府のイニシアチブにより、「障害者の権利及び尊厳の促進及び保護に関する包括的かつ総合的な国際条約」(障害者権利条約)と題する決議56/168[3]が採択された。この決議により、障害者権利条約の提案を検討する特別委員会(Ad Hoc Committee)の設置が決定されたため、障害者についても法的拘束力のある国際人権文書が作成される可能性が著しく高まったといえるだろう[4]。第1回特別委員会は、すでに2002年7月29日から8月9日までニューヨークの国連本部で開催され、第2回特別委員会は2003年6月16日から27日まで、同じくニューヨークで開催される予定である[5]。

特別委員会を中心に目下検討されている障害者権利条約は、「最後の公民権運動」[6]とも称される障害者権利運動のひとつの大きな目標でもある。第1回特別委員会の開催中、いたるところで「われらのことはわれら抜きには何も決められない」(Nothing about us without us)との標語が障害者間で再三確認された。また、第6回DPI世界会議札幌大会(2002年10月15〜18日)で採択された「DPI札幌宣言」[7]では、その条約起草過程に「われら自身の声」(a voice of our own)を反映させることが要求されている。このように、障害者による権利獲得運動の延長線上に位置づけられる障害者権利条約の検討作業には、障害者の主張が大きく取り入れられなければならない。けだし障害者権利条約なるものは、障害者の声を取り入れないことには正当性をもちえないのである。

かかる観点に照らして、本稿は、障害者権利条約をめぐる現況を概観するとともに、当該条約の検討作業に障害者(団体)の声を効果的に反映させる際に留意すべき点について検討することを目的とする。

2. なぜ障害者権利条約か

7つの国際障害者団体(世界精神医療ユーザー・サバイバーネットワーク、障害者インターナショナル、世界ろう連盟、国際リハビリテーション協会、世界盲人連合、国際育成会連盟、世界盲ろう者連盟)から構成されている国際障害同盟(International Disability Alliance: IDA)も指摘しているように[8]、障害者が社会から偏見を受け、排除され、差別さ

---

3) UN General Assembly Resolution 56/168 of 19 December 2001 (Comprehensive and Integral International Convention to Promote and Protect the Rights and Dignity of Persons with Disabilities). 邦訳は拙訳「障害者の権利及び尊厳の促進及び保護に関する包括的かつ総合的な国際条約」「障害者差別禁止法制定」作業チーム編『当事者がつくる障害者差別禁止法』(現代書館、2002年)198〜201頁参照。
4) なお、総会決議56/168が採択される直前に、「障害者権利条約を作成する特別委員会」という文言が、「障害者権利条約の提案を検討する特別委員会」へ口頭修正された。Report of the Third Committee (Human Rights Questions, including Alternative Approaches for Improving the Effective Enjoyment of Human Rights and Fundamental Freedoms), UN Doc. A/56/583/Add.2 (2001), para.92参照。
5) UN Press Release of 22 November 2002, GA/SHC/3730.
6) Diane Driedger, The Last Civil Rights Movement (Hurst & Company, London 1989). 邦訳は、ダイアン・ドリージャー(長瀬修編訳)『国際的障害者運動の誕生』(エンパワメント研究所、2000年)参照。
7) 「DPI札幌宣言(仮訳)」ノーマライゼーション2002年12月号(通算257号)56頁。
8) The IDA Statement at the Consultation Session of the UN Commission on Human Rights, Geneva, 17 April 2001.

れ、虐待を受けるなど、各種の人権侵害を被っていることは周知のとおりである。

しかし、世界人口の10％に相当する6億もの障害者の人権はこれまで国際社会において軽視され、障害者は医療福祉分野における保護の客体にすぎないとみなされてきた。障害者は、他の市民と平等の人権主体としての法的地位を得ることはできず、国連人権保障活動においても長らく排除されてきたのである。たとえば、子どもの権利条約を除く主要人権条約(社会権規約、自由権規約、人種差別撤廃条約、拷問等禁止条約、女性差別撤廃条約)は、障害(disability; disabilities)に関する明示規定をもたない。しかも、これらの主要人権条約の実施過程において、条約監視機関と締約国の双方とも、障害者の権利に対して関心を払うことは従来ほとんどなかった。最近になってこそ、現行人権条約の実施過程において、障害者の権利は少しずつ取り上げられているものの、それは部分的な現象にとどまっている9)。むろん障害者の人権を現行人権条約機関の主流に組み込むことは今後の大きな課題であるが、数多の人権問題を取り扱う現行人権条約機関が障害者の人権を包括的に取り扱うには、制度上かつ実際上さまざまな限界があることは想像に難くない。

この点、障害者の参加と平等に関して比較的詳細な指針を定めた基準規則は、前述したように、確かに国連人権システム等により援用されるなど、今日では障害者の中心的な国際人権基準とみなされている。とはいえ、基準規則は形式的には国際法上の法的拘束力をもたない。また、その監視メカニズムは、国連人権システムの中核地であるジュネーブではなくニューヨークの社会開発委員会の下に置かれており、主要人権条約に備えられているような政府報告制度も有しない。

このように、現行の国連システムは、障害者の人権の包括的な保障にとって、制度的かつ実際的に十分なものではない。こうした現状を大きく変革するには、障害者の人権を包括的に保障する新たな法的文書、つまり障害者権利条約を作成することがきわめて効果的であろう。障害者権利条約は、「社会福祉／医療問題としての障害から、人権問題としての障害へのパラダイム転換」10)を強く促し、国際社会全体において、障害者の人権を可視化して、さまざまな法的、社会的、政治的その他の影響を及ぼすことが期待できるからである。

3.第1回特別委員会を終えて

2001年12月に採択された国連総会

---

9)Gerard Quinn et al., eds., Human Rights and Disability: The Current Use and Future Potential of United Nations Human Rights Instruments in the Context of Disability (UN, New York and Geneva, 2002)など参照。
10)The IDA Statement for 2nd Ad Hoc Committee Session, Almasa, 2 March 2003. この邦訳として全日本ろうあ連盟の仮訳(http://www.jfd.or.jp/int/ida/misc/2003-03-02-ida-statement-2adhoc.html, visited 2003/5/30)がある。

決議56/168を受けて、翌2002年7～8月に開催された第1回特別委員会には、60カ国以上の政府、国連機関、専門機関、NGO(主として先進国の障害者団体)の諸代表が参加した。

　結論からいえば、第1回特別委員会では障害者権利条約の成立に向けた著しい進展は見られなかった。この特別委員会では、参加した諸代表が一般的な意見表明等を行ったものの、障害者権利条約の具体的内容に関する議論はほとんど行われず、今後の条約検討に向けた基本的事項(NGOの参加手続や議長団役員の選出など)が主に決められたにすぎない。

　実のところ第1回特別委員会において、メキシコ政府は、前文と本文31条からなる条約案11)を提出していた。しかし、第1回特別委員会ではメキシコ条約案について討議することは否定された。その急先鋒に立ったEU代表(デンマーク政府)は、当該国際文書の形態や内容等に関する基本的なことがらについて幅広い意見を交わすことが目下の課題であると主張し、メキシコ条約案の具体的中身にまで踏み込んで討議することを拒絶した。

　一見すると、EU代表の指摘は、きわめて消極的で慎重な態度のようにも見える。しかし、第1回特別委員会においてはじめて、国際社会は障害者権利条約の起草に向けて実質的な第一歩を踏み出したばかりであることも事実である。したがって、障害者権利条約に関する検討作業の初期段階である現時点においては、確かにEU代表が述べるように、この条約の形態や内容等に関する基本的事項を検討することは論理的にも避けて通れない。実際、ベンクト・リンクビスト(社会開発委員会の障害に関する特別報告者)も、総会決議56/168が採択された直後に同様の認識を示している12)。このことから第1回特別委員会を終えたばかりの今日、国際社会は、障害者権利条約の基本的な内容や形態等を検討する段階にようやく達しえたということができよう。

　2002年12月18日に採択された国連総会決議57/229において、国連総会は、障害者権利条約の提案に関する見解を国連加盟国や国連諸機関等に求めるよう国連事務総長に対して要請し13)、これらの見解に関する包括的な報告を第2回特別委員会に提出するよう同じく国連事務総長に対して要請した14)。この国連事務総長報告や後述する各種

---

11) Working Paper of Mexico (Comprehensive and Integral International Convention to Promote and Protect the Rights and Dignity of Persons with Disabilities), UN Doc. A/AC.265/WP.1 (2002). この邦訳は拙訳「〈海外の文献から〉障害者の権利及び尊厳の促進及び保護に関する包括的かつ総合的な国際条約(メキシコ政府のワーキング・ペーパー)・上」リハビリテーション研究114号(2003年)37～41頁参照(この翻訳は同誌115号へ続く予定)。

12) Report of the Special Rapporteur of the Commission for Social Development on Monitoring the Implementation of the Standard Rules on the Equalization of Opportunities for Persons with Disabilities on his Third Mandate, 2000-2002, UN Doc. E/CN.5/2002/4 (2002), para.72. 邦訳は全日本ろうあ連盟の仮訳(http://www.jfd.or.jp/int/unpanel/finalreport3j.html, visited 2003/5/30)参照。

13) UN General Assembly Resolution 57/229 of 18 December 2002 (Ad Hoc Committee on a Comprehensive and Integral International Convention on Protection and Promotion of the Rights and Dignity of Persons with Disabilities), para.5.

地域会合の報告などを踏まえて、第2回特別委員会では、障害者権利条約の基本的な形態や内容について十分な議論が尽くされることが期待される。むろん、議論の進捗状況によっては、この条約の具体的内容にまで踏み込んだ議論も行われるべきであろう。

なお、日本政府は、後述する国連総会決議56/510の共同提案国に名を連ねるとか、日本障害者団体傍聴団との意見交換会を2度にわたり設けるなど、一定の評価に価する姿勢を見せていた。しかし、第1回特別委員会の場では、障害者権利条約の作成に対しては、とりあえず様子を窺うという慎重な姿勢を貫いた[15]。もとより日本政府は、その関係省庁から障害者問題に関する専門的知識を有する者を第1回特別委員会に派遣しておらず、このことから考えれば、同政府は第1回特別委員会の検討作業に対して消極的姿勢をとることをはなから決めていたとさえいえる。いずれにしても第2回特別委員会においては、このような姿勢を改めて、日本政府は障害者権利条約の作成に向けた積極的な議論を促すような貢献を果たすべきである。

4.障害者権利条約をめぐる現況

ここで障害者権利条約をめぐる現況について、当該条約を取り巻く国際、地域および国内レベルにおける各種の取組みとの関連で若干整理しておきたい。というのも、障害者権利条約の検討作業は、国際、地域および国内レベルにおける各種取組みと密接に関連しながら行われるためである。

国際レベルに関しては、とりわけ1990年代以降、基準規則の監視活動やその他の国連人権活動が漸進的に積み重ねられているが、これらの取組みは障害者権利条約の起草作業とともに強化されなければならない。このような観点から今日では、現行の国連人権活動の強化と、基準規則の補足・実施と、障害者の権利条約の作成とについて、それぞれ国連は取り組まなければならないというマルチ・トラック・アプローチ（Multi-Track Approach）が提唱されている[16]。また、国際レベルでは、むろん障害者権利条約の検討作業との直接的な関連においても、国連システムの関連諸機関や障害者団体などは重要な役割を果たすことが期待されている。この点につき、たとえば、国連総会は、その決議56/168

---

14) Ibid., para.6.
15)「障害者権利条約に関するアドホック委員会における本村国際連合日本政府代表部大使演説2002年7月31日（仮訳）」および「同演説2002年8月6日（仮訳）」参照。この2つの仮訳は、日本政府代表部と日本障害者団体傍聴団との意見交換会で前者により配布されたものである。なお、この意見交換会の速記要録（筆者のメモ）は、東京大学先端科学技術研究センター・福島研究室・長瀬修任助教授のウェブ・サイト（http://www.bfs.rcast.u-tokyo.ac.jp/200207ny/, visited 2003/5/30）に掲載されている「国連障害者の権利条約特別委員会（於ニューヨーク、2002年7月29日～8月9日）報告速報」4号、14号を参照。
16) Report of the United Nations High Commissioner for Human Rights and Follow-up to the World Conference on Human Rights, UN Doc. E/CN.4/2002/18/Add.1 (2002), para.6など参照。

において、「国連の慣行に基づき、特別委員会に委託された作業に貢献するよう、国連加盟国、国連システムの関連機関および組織(関連人権条約機関、地域委員会、社会開発委員会の障害に関する特別報告者を含む)ならびに本事案に関心をもつ政府間組織およびNGOに対して要請」[17]している。また、国連総会は、その決議57/229において、「社会開発委員会の障害に関する特別報告者および国連人権高等弁務官事務所による特別委員会の作業への貢献を歓迎し、この点に関して、同報告者および同事務所に対し、引き続き特別委員会と協働し、かつ、相互に協働するよう要請」[18]している。

地域レベルにおいても、第2次アジア太平洋障害者の十年(2003〜2012年)、アフリカ障害者の十年(2000〜2009年)、アラブ障害者の十年(2003〜2012年)といった時限的枠組みや[19]、障害者差別撤廃米州条約(1999年)[20]、欧州障害者年(2003年)[21]などに見られるように、障害者に対する関心が着実に高まっている。障害者権利条約に対する関心も、国連アジア太平洋経済社会委員会「アジア太平洋障害者の十年」最終年ハイレベル政府間会合の「びわこミレニアム・フレームワーク」(2002年10月)[22]や、欧州委員会のコミュニケーション(2003年1月)[23]、欧州評議会議員会議の勧告第1592号(2003年1月)[24]などにおいて明瞭に見られるようになってきている。このほかにも、障害者権利条約の起草作業との関連で看過できない重要な取組みがいくつもある。たとえば、国連総会は、その決議56/168において、特別委員会の作業に貢献するような地域会合やセミナーを開催するよう国連加盟国に対して要請しているが[25]、この決議を受けて、「国連障害者権利条約に向けて」と題する地域会議(ダブリン、2002年2月)[26]や「障害者権利条約に関する専門家会合」(メキシコ、2002年6月)[27]がすでに開催されたほか、2003年に入ってからも、バー

---

[17] UN General Assembly Resolution 56/168, para.3. 決議上にあるinviteは、「招請」や「勧誘」などと訳される場合もあるが、本稿では「要請」とした。
[18] UN General Assembly Resolution 57/229, supra n.13, para.8.
[19] Review and Appraisal of the World Programme of Action concerning Disabled Persons: Report of the Secretary-General, UN Doc. A/58/61 (2002), pp.17-19参照。
[20] Inter-American Convention on the Elimination of All Forms of Discrimination against Persons with Disabilities adopted at Guatemala City, Guatemala at the twenty-ninth regular session of the General Assembly of the OAS, held on June 7, 1999, AG/RES.1608(XXIX-O/99).
[21] Website of the European Year of People with Disabilities (http://www.eypd2003.org/eypd/eypd/index.html, visited 2003/5/30)参照。
[22] Biwako Millennium Framework for Action towards an Inclusive, Barrier-free and Rights-based Society for Persons with Disabilities in Asia and the Pacific, UN Doc. E/ESCAP/APDDP/4/Rev.1 (2003).
[23] Communication from the European Commission to the Council and the European Parliament, Brussels, 24 January 2003, COM (2003) 16 final (Towards a United Nations Legally Binding Instrument to Promote and Protect the Rights and Dignity of Persons with Disabilities).
[24] Recommendation 1592 (2003) adopted by the Council of Europe Parliamentary Assembly on 29 January 2003 (Towards Full Social Inclusion of People with Disabilities).
[25] UN General Assembly Resolution 56/168, supra n.3, para.6.
[26] Summary Report of a Conference on the Theme: Towards a United Nations Convention on the Human Rights of Persons with Disabilities (Conference on the UN Convention in Dublin, 26 February, 2002)参照。

レーン（3月8〜9日）その他で地域会合がいくつか開催される予定である[28]。加えて、アフリカ国内人権機関第4回会議の「カンパラ宣言」（2002年8月）[29]やアジア太平洋国内人権機関フォーラム第7回年次会合の「最終結論」（2002年11月）[30]、欧州国家機関第4回会合（国内人権機関第2回円卓会議）の勧告（2002年11月）[31]など、国内人権機関の地域会合の成果文書においても、障害者権利条約に対する関心が見られる。さらに周知のとおり、2002年10月に日本で開催された「アジア太平洋障害者の十年」最終年記念フォーラムにおいて採択された大阪宣言[32]やDPI札幌宣言は、障害者権利条約の実現を強く求めている。

国内レベルに目を移せば、とりわけ1990年代以降、障害者差別を禁止する各種国内法が諸国で急速に制定されるようになり[33]、また、障害者の権利に取り組む国内人権機関の数も各国で急増している[34]。このような国内レベルの新たな取組みは、むろん将来的に障害者権利条約の国内的実施という側面にとって大きな意義をもちうるが、それにとどまるものではない。国内人権機関は当該条約の起草過程においても重要な役割を果たすことが期待されているのである[35]。このことは、先に指摘したように、地域レベルで開催された国内人権機関の種々の地域会合に着実に反映している。

---

[27] Letter dated 11 July 2002 from the Permanent Representative of Mexico to the United Nations addressed to the Secretary-General, UN Doc.A/57/212 (2002)参照。

[28] バーレーンのほか、2003年には、アメリカ地域（キト（エクアドル）、4月9〜11日）、アフリカ地域（ヨハネスブルグ（南アフリカ）、5月2〜6日）、西アジア地域（ベイルート（レバノン）、5月27〜29日）などで地域会合が開催される予定である。Website of the DISABILITY DK (http://www.disability.dk/site/viewdoc.php?doc_id=807, visited 2003/5/30)参照。なお、アジア太平洋地域の地域会合は、北京（中国）で4月8〜11日に開催される予定であったが、重症急性呼吸器症候群（SARS）のために延期された（現在のところ、バンコク（タイ）で6月2〜4日に開催される予定である）。

[29] Kampala Declaration (The 4th Conference of African National Human Rights Institutions, Kampala, 14-16 August 2002).

[30] Concluding Statement (7th Annual Meeting of the Asia Pacific Forum of National Human Rights Institutions, New Delhi, 11-13 November 2002).

[31] Recommendations, Strasbourg, 15 January 2003, NHRI (2002) 61 (2nd Round Table with National Human Rights Institutions/4th European Meeting of National Institutions, Belfast and Dublin, 14-16 November 2002).

[32]「障害者の権利実現へのパートナーシップに関する大阪宣言」ノーマライゼーション2002年12月号57〜59頁。

[33] Theresia Degener and Gerard Quinn, "A Survey of International, Comparative and Regional Disability Law Reform," Mary Lou Breslin and Silvia Yee eds., *Disability Rights Law and Policy: International and National Perspective* (Transnational Publishers, Inc., 2002), pp.3-125など参照。この邦訳に該当するものとして、テレジア・デゲナー／ジェラルド・クィン（秋山愛子訳）「障害に関する国際法、比較法、地域法改革概論」「障害者差別禁止法制定」作業チーム編・前掲注3）書118〜197頁がある。日本においても、障害者差別禁止法の制定に向けた動きが少しずつ盛り上がりを見せつつある。この点につき、「障害者差別禁止法制定」作業チーム編・前掲注3）書のほか、日本弁護士連合会編『障害のある人の人権と差別禁止法』（明石書店、2002年）、河野正輝・関川芳孝編『講座 障害をもつ人の人権 ①権利保障のシステム』（有斐閣、2002年）など参照。

[34] 日本においても、人権擁護法により人権委員会の設置が予定されている。国内人権機関については、山崎公士・NMP研究会編著『国内人権機関の国際比較』（現代人文社、2001年）など参照。

[35] UN General Assembly Resolution 57/229, supra n.13, para.7参照。また、Report of the Ad Hoc Committee on a Comprehensive and Integral International Convention on Protection and Promotion of the Rights and Dignity of Persons with Disabilities, UN Doc. A/57/357 (2002), para.11参照。この特別委員会報告の邦訳は拙訳（「アジア太平洋障害者の十年」最終年記念フォーラム組織委員会『「国連・障害者権利条約特別委員会」傍聴団報告書（増刷版）』（2002年）29〜38頁）参照。

このように、国際、地域および国内レベルでの各取組みは、それ自体障害者の人権保障にとって資するばかりか、障害者権利条約の検討作業と密接に関連する側面も有する36)。そして現在、これら各レベルでの取組みは、障害者権利条約の検討作業に貢献する向きに少しずつ歩を進めてきているといえよう。

5.利害関係主体間の対話

以上で述べたように、障害者権利条約の検討作業は国際社会の種々の取組みと密接に関連している。そして、当該条約の起草過程においては、各国政府はもとより国連諸機関や地域委員会、国内人権機関、障害者団体その他のNGOなど、多数の利害関係主体(ステークホルダー)が、それぞれ国際、地域および国内レベルにおいて重要な役割を果たすことになる。なかでも障害者(団体)が、その主張を当該条約に強く反映させるべく、積極的な活動を展開することは重要である。

この点、障害者団体が障害者権利条約に盛り込むべき基本的な形態や内容について、少しずつ議論を積み重ねて、その見解を公表し始めていることは注目に値する。たとえば、国際障害同盟は、その「第2回特別委員会への声明」のなかで、障害者権利条約の起草原則として次の諸点を挙げている。すなわち、この条約は、①現行人権規範に基づき、それを障害の文脈で解釈すること、②障害者が直面する障壁を認めること、③障害者(団体)の見解を踏まえて、国際人権章典に謳われている基本的人権の価値(尊厳、自己決定、平等、社会正義)に基づくこと、④裁判規範としての障害者の人権を規定すること、⑤強力な監視メカニズムを設けることなどである37)。これらの条約起草原則は、障害者権利条約をかたちづくる骨格としては十分に掘り下げて検討されるに値する基本的内容であると思われるが、その妥当性や具体的内容について、利害関係主体の間で十分な議論が今後とも行われることが必要である。

もとより、障害者(団体)その他の利害関係主体の間では、それぞれの見解が衝突するのは常であり(たとえば、第1回特別委員会の場でも垣間見られた「発展の権利」をめぐる先進国と途上国の対立や38)、インクルージョン概念をめ

---

36)他方で、障害者権利条約の起草作業自体も、国際社会における各種の取組みに対して、障害者の人権の可視化という波及効果をもたらすことが期待できるであろう(Holger Kallehauge, Introduction to the Debate about a Convention and Other Means to Provide Better Protection of the Human Rights of Persons with Disabilities (2002).参照。Website of the DISABILITY DK(http://www.disability.dk/site/index.php, visited 2003/5/30)参照)。

37)The IDA Statement for 2nd Ad Hoc Committee Session, supra n.10. この条約起草原則のほかに、国際障害同盟は、その声明において、障害者権利条約に盛り込まれるべき基本的権利として、①市民的政治的権利、②経済的社会的文化的権利、③発展の権利(第3世代の人権)を提示し、また、当該条約の監視メカニズムとして、現行人権条約(女性差別撤廃条約や子どもの権利条約など)と類似のものを求めている。これらの内容についても今後十分な議論が積み重ねられることが必要である。

38)拙稿「障害者の権利条約に関する第1回特別委員会」「障害者差別禁止法制定」作業チーム編・前掲注3)書204頁参照(これは、IMADR-JC通信No.120〔反差別国際運動日本委員会、2002年8・9月〕に掲載された拙稿「障害者の権利条約に関する第1回特別委員会に参加して」に多少手を加えたものである)。

ぐる障害者団体間の意見の相違39)など）、障害者権利条約の内容をめぐっても今後さまざまな主張がなされるであろう。むろん今日では、障害者権利条約の検討作業が始まったばかりであるため、この条約の内容等に関して十分な議論が交わされたわけではない。障害者権利条約の基本的内容とその具体的細目は、今後、障害者団体を含む利害関係主体間の対話を通じて、少しずつその輪郭を現していくことになろう。

この条約をめぐる利害関係主体間の対話は、さまざまな政治的場面で細大漏らさず行われることになろうが、ここで障害者団体を中心に若干の整理をすれば、ⓐ障害者団体の間と、ⓑ障害者団体と他の利害関係主体との間、に分けて考えることができる。前者ⓐについては、各種の障害者団体が、それぞれの見解を互いに尊重し、その多様性を十分認め合ったうえで団結することが肝要である。レックス・フリーデン（国際リハビリテーション協会会長）も指摘しているように、「障害者権利条約という歴史的テーマを推進していくためには、1つの組織や団体がユニークな戦略をもつことはそれほど重要なことではなく、むしろさまざまな組織が協調して条約策定に向かっていくということが大事である」40)。また、後者ⓑについては、障害者団体と他の利害関係主体とが互いの意見を幅広く交し合い、障害者の主張を十分に取り入れるようなコンセンサスを実現しなければならない。このような例として、第1回特別委員会において、特別委員会議長や各国政府代表（米国やEU、日本など）とNGO（主として障害者団体）代表との話合いの場が、公式会合の合間を縫って比較的頻繁に設けられたことは評価できる。

なお、この機会に付言すれば、障害者（団体）が今後さまざまな利害関係主体との対話を積み重ねるにあたっては、対人地雷全面禁止条約や拷問等禁止条約、子どもの権利条約などの起草過程において各種のNGOが果たしてきた役割に学ぶことの意義は大きいといえる。実際、国際人権基準の設定過程において、NGOの活動、とりわけ国連議事録に記載されないようなNGOの非公式活動が実質的に大きな役割を果たしてきたのであり41)、そのような経験は、障害者権利条約の起草過程を当事者参加型のものとする際にも大いに役立ちうるだろう。

6.特別委員会への障害者の参加を阻む障壁の除去

障害者権利条約の検討作業に障害者の主張を盛り込むためには、上述し

---

39) 長瀬修「第2部第3章2 教育の権利と政策──統合と分離、選択と強制」河野正輝・関川芳孝編・前掲注33)書169〜182頁参照。
40)「〈インタビュー〉レックス・フリーデン氏に聞く（インタビュアー：藤井克徳）」ノーマライゼーション2002年12月号15頁。
41) たとえば、馬橋憲男「国連とNGO──地球的な市民参加のうねりと人権」アジア・太平洋人権情報センター編『アジア・太平洋人権レビュー1997 国連人権システムの変動──アジア・太平洋へのインパクト』（現代人文社、1997年）60〜77頁、阿部浩己『国際人権の地平』（現代人文社、2003年）274〜303頁など参照。

たように、利害関係主体間で建設的な対話(妥協・協調・連携・協働)が行われることが不可欠である。が、そのような対話を築くためのひとつの前提として、そもそも特別委員会に障害者(団体)が効果的に参加する条件を整えることがきわめて重要となる。障害者権利条約をめぐる各種の取組みのなかでも、当該条約に関する中心的な議論の場となるのは特別委員会であるからである。

特別委員会における条約論議に障害者団体その他のNGOが参加するためには、まず、当該委員会へのNGOの参加資格が広範に認められなければならない。この点、第1回特別委員会の開催直前になって総会決議56/510(「特別委員会に関するNGOの認証と参加」)42)が採択されたことは評価できる。この決議により、経済社会理事会の協議資格をもたないNGOであっても、特別委員会の認証を得た場合には、この委員会の作業に参加できることが決定されたからである43)。そして、特別委員会にNGOが参加する形態については、第1回特別委員会において、認証を得たNGOの特別委員会における参加形態に関する決定44)がなされた。この決定は次のような内容をもつ。すなわち、特別委員会の認証を得たNGOの代表は、「特別委員会のあらゆる公式会合に出席する」、「現在の国連の慣行に従って時間が許す場合に意見表明を行う(時間の制約がある場合には、スポークスパーソンを選出する)」、「公式文書を受け取る」、「書面その他による見解表明を行う」、「国連事務局が指定したアクセスのしやすい場所においてNGOの文書を諸代表に提供できる」などである。

ただし、このように特別委員会へのNGOの参加資格が拡大されたとしても、NGOとりわけ障害者団体の特別委員会への参加を阻む実際上の障壁があることに留意しなければならない。そのひとつは、国連の施設等が障害者の利用にとって不備を抱えていることである。とりわけジュネーブの国連事務所は国連人権システムの基幹部であり、かの地で特別委員会を開催し、障害当事者が活動するためには、そのアクセシビリティを改善していかなければならない。既述のとおり、第2回特別委員会はニューヨークの国連本部で開催される予定であるが、それ以後の特別委員会がジュネーブで開催されることが期待されていることから考えれば45)、ジュネーブをはじめとする国連全般のアクセシビリティの改善が

---

42) UN General Assembly Resolution 56/510 of 23 July 2002 (Accreditation and Participation of Non-governmental Organizations in the Ad Hoc Committee on a Comprehensive and Integral International Convention on Protection and Promotion of the Rights and Dignity of Persons with Disabilities).

43) なお、すでに特別委員会の認証を得たNGOは次のとおりである。Center for International Rehabilitation; European Disability Forum; Inter-American Institute on Disability; Landmine Survivors Network; Venture House; Mental Disability Rights International; Civil Association against Discrimination; Communications Coordination Committee for the United Nations; IUS Gentium Conimbrigae Institute-Human Rights Centre (UN Doc. A/57/357, supra n.35, annex).

44) Ibid., chap. IV (Decision on the Modalities for the Participation of Accredited Non-governmental Organizations in the Ad Hoc Committee in Considering Proposals for a Comprehensive and Integral International Convention to Promote and Protect the Rights and Dignity of Persons with Disabilities).

目下の緊要課題である。とすれば、次のような特別委員会の勧告や要請、国連総会の勧奨は速やかに実施されなければなるまい。

「特別委員会は、……国連総会決定56/464（2002年7月23日）に従って、国連事務総長に対し、最初の段階として、既存の資源の範囲内で、国連の建物、技術および資料のアクセシビリティを容易にするための措置を実施することを強く勧告する。また、特別委員会は、この点に関して提案を行うよう、とりわけ障害者および専門家に対して要請する」46)。

「国連総会は、……国連総会決定56/464（2002年7月23日）に従って、施設および資料に関するアクセシビリティが、合理的配慮をもって、あらゆる障害者のために改善されることを確保するための努力がなされることを勧奨する」47)。

もうひとつ、特別委員会へのNGOの参加を阻む障壁として、資金面の問題がある。財政的制約により、途上国のNGO（や専門家）が特別委員会に参加することが、難しい状況にあることは否めない。このような状況に鑑みて、国連総会は、その決議56/510において、恒常的な資金不足にある途上国等のNGOを援助するよう国連機関に対して勧奨した48)。また、国連総会は、その決議57/229において、「途上国（とくに後発発展途上国）のNGOおよび専門家の参加を支援するための任意基金を設けることを決定し、また、当該任意基金に貢献するよう、政府、市民社会および民間部門に対して要請」49)した。これらの勧奨や要請を、先進国政府はもとより民間団体等も十分に意にとどめ、積極的な国際的貢献を果たすべきである。

7.障害者を政府代表団の一員に

以上述べてきたように、NGOの特別委員会への参加を妨げる物理的および財政的障壁を除去することは、むろん障害者権利条約の検討作業に障害者の声を盛り込む際に留意しなければならない点である。だが、このほかにも、特別委員会への障害者の参加――ひいては条約検討過程に障害者の声を反映させること――に関しては、より積極的な形

---

45) なお、国連人権委員会は、その決議2002/61において、「特別委員会が、国連人権委員会第59会期が開催される前に少なくとも1回はジュネーブにおいて会合をもつことを検討するよう（その後は定期的に会合をもつよう）……要請」していた（UN Commission on Human Rights Resolution 2002/61 of 25 April 2002 (Human Rights of Persons with Disabilities), para.16)。
46) UN Doc. A/57/357, supra n.35, para.15. 先述した国連総会決議56/510と同じ日（2002年7月23日）に採択された国連総会決定56/464 (Participation of Persons with Disabilities in the Ad Hoc Committee on a Comprehensive and Integral International Convention on Protection and Promotion of the Rights and Dignity of Persons with Disabilities) は、特別委員会への障害者の参加に必要な配慮について定めたものである。
47) UN General Assembly Resolution 57/229, supra n.13, para.10.
48) UN General Assembly Resolution 56/510, supra n.42, para.3.
49) UN General Assembly Resolution 57/229, supra n.13, para.14.

態があることにも着意しておかなければならない。すなわち、障害者が自ら特別委員会の政府代表団の一員となることである。

実際、第1回特別委員会において、ウガンダや南アフリカ、デンマーク、メキシコなどの政府代表団には障害者自身が加わっていたものの、日本政府代表団にはそうした光景は見られなかった。特別委員会の主役たる障害者が各国政府との緊密な協働関係のなかで条約論議に貢献するためには、障害者自身が日本政府代表団をはじめ各国政府代表団の一員となることがきわめて重要である。それゆえ、「国連総会は、……国連加盟国が、特別委員会の会合に参加する当該国代表の中に、障害者および／またはこの分野の他の専門家を含めることを奨励する」[50]とした総会決議57/229のもつ意味は大きい。もし、かかる国連総会の奨励に対して各国政府が十分に応えようとしないのならば、そのような消極的な政治的意思は、障害者の特別委員会への参加を阻むひとつの大きな障壁となるであろう。今後、このような障壁は、上述した物理的および財政的な障壁とともに除去していかなければなるまい。

8. むすびに

以上、障害者権利条約に向けての現況を概観するとともに、当該条約の検討作業に障害者の主張を効果的に盛り込む際に留意すべき点について検討した。ここでの考察結果を要約することをもって、本稿のむすびに代えたい。

そもそも障害者の人権の包括的な国際的保障にとって不十分な現行国連システムの現状を大きく変革するためには、障害者権利条約を作成することが必要である。目下のところ、障害者権利条約の検討作業は、当該条約の基本的な形態や内容を検討するという初期段階に達したばかりであるものの、国際的、地域的、国内的な各種取組みと密接に関連しながら徐々に進展する様相を呈している。

今後、正当性のある人権条約として障害者権利条約を実現させるためには、当該条約の検討作業に障害者の主張を十分に反映させていかなければならない。そのためには、障害者権利条約の基本的内容とその具体的細目を決めていくにあたり、各国政府はもとより障害者団体や国連諸機関その他の利害関係主体があらゆる政治的場面において建設的な対話を積極的に積み重ねることが不可欠である。そして、このような対話を効果的に行うためには、その前提条件として、障害者（団体）が特別委員会に参加することを妨げる物理的および財政的障壁を除去し、かつ、特別委員会に参加する政府代表団の一員に障害者が加わることを確保しなければならない。

---

50) Ibid., para.13.

Towards an Inclusive, Barrier-free and Rights-based Society:
Asian and Pacific Decade of Disabled Persons, 1st Decade to 2nd Decade

すべての人のための、バリアフリーで、権利に根ざした社会の構築をめざして
アジア太平洋障害者の十年のこれまでとこれから

秋山愛子 ●Akiyama Aiko

1.はじめに

　東南アジアで最大級のスラム、バンコク市内のクロントイ。約10万人が住むこの町を歩くと、蒸し返すような暑さの中の息苦しさと、ゴミの臭いが鼻をつく。

　1メートルあるかないかの狭い道の両脇には小さな家がひしめきあうように立ち、その一角にある家と家の間のさらに小さな道を行くと、陽の光があたらない3畳ほどのコンクリートの部屋に、43歳のAさんという男性がいた。昼間であるにもかかわらず、暗闇の中に横たわり続ける彼。枕元のブリキのコップが、長年彼の生活を見てきた。

　彼にはポリオと言語障害があるので、言葉を介しての会話はできないらしい。おかあさんが彼の面倒を見続けてきたが、今は65歳で、体力も衰え、高血圧に悩まされている。以前なら自力で彼を外に出して陽を浴びさせることもしたが、今はもうそんなこともできない。

　Aさんの父親はずっと昔にどこかに行ってしまった。だから、もし彼を外に連れ出そうと思ったら、人を雇わなければならない。近所の人はというと、皆やさしいが、自分たちで生きるのが精一杯で支援はしてくれない。おかあさんはゴミ集めをして月に1200バーツ(約3600円)入ればよいほうだ。

　自分が死んだら、いったい息子はどうなるのか？　時々、夜、ひとりでに涙が出てくるのを、おかあさんは抑えることができない。

　私は、2002年の夏より、タイ・バンコクにある国連アジア太平洋経済社会委員会(UN Economic and Social Commission for the Asia and Pacific,

23

通称エスキャップ)の障害専門官としての職に就いた。主な仕事は、国連第2次アジア太平洋障害者の十年の実施に関する企画・運営・実践である。障害者は哀れみの対象ではなく人権の主体であるべきだと信じ、アメリカのNGOで働き、日本の国会で秘書として活動してきた私にとって、Aさんのような障害者の姿はかなりショックであった。が、彼の存在は、この地域の、決して遮断することのできない現実の重みと課題の複雑さを感じさせた。

本稿の課題は、アジア太平洋障害者の十年の地域のインパクトと今後の課題である。アジア太平洋障害者十年は、第1次は1993年から去年の2002年まで終了したが、第2次が2012年までということで今年2003年からスタートしたばかりである。この第1次の間に何が前進して、何が課題としてこの第2次十年の最初に私たちに突きつけられているのか。本稿ではとくに、人権という視点から整理することを試みたい。

エスキャップのいうアジア・太平洋地域とは、西はトルコから東はオセアニアのクック諸島という非常に広範な地域を指し、その中の52カ国を加盟国、9つを準加盟国としている。この広範な地域には、世界人口(約38億人)の約60%と最貧層人口の3分の2にあたる8億人が住み、後発開発途上国13カ国が存在する1)。現在、全世界の障害のある人の人口は、多めに推定すると6億人といわれるが2)、そのうちの3分の2がこのアジア・太平洋地域、さらにその60〜80%が農村地域に暮らしているとされる3)。また、アジア・太平洋地域の障害者の40%以上が貧困層とみなされている4)。

同じ地域内でも、発展途上国と先進国での、障害のある人が直面する人権問題の内容やその捉え方には温度差がある。また、各国の政治制度や社会・経済の仕組み、ガバナンスや政策策定、予算配分、資源配分の実態、開発に関する地域・国際協力の実態など、より多面的に捉えなければ真に有効な評価ができない部分もある。

が、個々の状況の違いはあれ、障害のある人が、ない人と比べて生活のさまざまな領域で差別され、社会の発展の過程から排除されてきたことに違いはないと思う。

本稿では、この視点を中心に、障害のある人の人権を語るうえで世界的に重要な「人権モデル」を切り口に、これまでのエスキャップや国連の資料と、個人的に集めた資料、この地域に関わってきた方々へのインタビューをもとに、地域全体を俯瞰するかたちでまとめさせていただいた。より詳細な事例分析等は今後

---

1) エスキャップについての基本的な情報はhttp://www.unescap.org/about/members.htmを、また、障害者についての事業を行っている部署の情報はhttp://www.unescap.org/sps/new%20activities.htmをご覧になっていただきたい。
2) Robert L. Metss, Ph. D., Disability issues, Trends and Recommendations for the World Bank (2002).
3) ESCAP Regional Trends Impacting on the Situation of Persons with Disabilities, UN Doc. E/ESCAP/APDDP/3.
4) ESCAP Biwako Millennium Framework for Action towards an Inclusive, Barrier-free and Rights-based Society for Persons with Disabilities in the Asia and the Pacific, UN Doc. E/ESCAP/APDDP4.

の課題としたい。また、私見を述べる場合はそのように明記させていただいた。

2.福祉・医療モデルから人権モデルへの転換

障害のある人は、ない人と同等に同じ人間である。どんな人間にも、人間としての権利があるという自然権の考え方からも、これはごく当たり前のことのように思える。

だとすれば、障害のある人の人権は、本来、国連の存在基盤である国連憲章の「すべての者」のための人権[5]や、世界人権宣言、社会権規約、自由権規約をはじめとする6つの主要な人権条約[6]に明記されている権利の主体として解釈され、実践されるべきであった。が、現実はそうではなかった。

まず、既存の人権国際文書の対象として障害のある人が認識され始めてきたのは90年代以降である[7]。次に、障害に特化した国際文書の中で障害のある人の権利が認識されるようになったのは「知的障害者の権利宣言（Declaration on the Rights of Mentally Retarded Persons）」(1971年)が初めてであり、それに「障害者の権利宣言（Declaration on the Rights of Disabled Persons）」(1975年)が続いた。さらに1981年の国際障害者年を契機に「完全参加と平等」をテーマにした国連障害者の十年(1983～92年)が設定され、それに伴い「障害者に関する世界行動計画(World Programme of Action concerning Disabled Persons)」が指導的文書として策定された。その最も重要な2つの目標が予防とリハビリテーションであることから、より伝統的なアプローチをとったという批判的分析もあるが[8]、「機会均等(equal opportunity)」という概念をもって障害のある人の生活に包括的に取り組む姿勢を見せたことで、人権と障害のつながりが世界に知られるようになった。

が、さらに重要なのは1993年の「障害者の機会均等化に関する基準規則(Standard Rules on the Equalization of Opportunities for Persons with Disabilities)」である。ここで初めて障害のある人が権利の主体であるという概念や、障害のある個人と社会環境の相互作用の結果として障害が発生するという考え方、社会の側に障害のある人の社会参加を妨げる障壁を取り除く義務があるということ、機会均等の原則が明確に打ち出された[9]。

さらに国際文書ではないが、基準規則より前の1992年に、公民権運動や消費者運動の流れを汲む障害のある人の自立生活運動[10]の成果として、アメリカで、「障害のあるアメリカ人

---

5) 国連憲章第1章1条3。
6) この2つの条約以外に、拷問等禁止条約、子どもの権利条約、女性差別撤廃条約、人種差別撤廃条約がある。ただし、子どもの権利条約では、23条で障害のある子どもの尊厳や社会参加、ケアについて明記している。
7) たとえば、社会権規約委員会一般的意見5 (1994年)で、この条約の対象としての障害のある人がかなり明確かつ具体的に示された。
8) テレジア・デゲナー／ジェラルド・クィン(秋山愛子訳)「障害に関する国際法、比較法、地域法改革概観」「障害者差別禁止法制定」作業チーム編『当事者がつくる障害者差別禁止法』(現代書館、2002年)。

法(Americans with Disabilities Act: ADA)」が成立した。、この法律は、障害のある人が女性や民族マイノリティと同じ社会的少数派であるという立場から、障害者の非差別(Non-discrimination)と機会の平等を機軸に差別とはどういうことなのかを分野別に具体的に示した。また、「合理的配慮」(Reasonable Accommodation)という言葉を使って、社会が、機会平等のためのあらゆる障壁を除去することを怠ること自体が差別であるとし、画期的であった。非差別と機会均等、障害のある当事者意思決定参画といったキーワードが重要視されるようになった。

これらの文書や法律の成立と実践から、90年代を通じ、世界的には障害者の人権は前進した。この過程で非常に重要なのが障害のある人を慈善や哀れみの対象として見る発想から、人権の主体として見るという発想への転換である。やや類型的な説明になるかもしれないが、前者の発想のもとでは、障害のある人はない人とは違う場所(典型的には施設)に住み、働き(授産施設、小規模作業所)、生きることのみが期待されていた。これに対して、国際文書や国内の法整備、障害のある人自身やその他の市民社会の運動を通じて台頭してきた人権モデルでは、障害のある人を権利の主体として捉える。したがって、障害のある人もない人も同じ地域社会で生きることが前提になり、そのために必要な支援は社会が提供すべきであると考えられる。

同じアクセス整備という領域をとっても、慈善アプローチであれば、障害のある人がアクセス整備の要求をしても、これは典型的には福祉・慈善の領域の当事者からの「頼みごと」あるいは「お願い」として捉えられ、実現されると当事者がたいへん「ありがたがる」という心理的な関係が見られる。実現されない場合は「しようがない」のだが、要求をしすぎると「わがまま」と受け取られる。

これに対して人権アプローチであれば、アクセス整備の要求は一市民としての権利の行使なので、社会(行政・立法・司法)にはその整備を提供すべき義務があるといえる。したがって、慈善アプローチとは違い、要求する側とそれを受ける側の関係性はより対等である。たとえ「予算がないのでできません」と言われたとしても、そのこと自体が妥当なのかを問うことや、その理由を明確に知る権利が要求する側に生じるはずである。

障害のある人の人権を語るとき、この

---

9) 法的には拘束力のない文書ではあったが、この文書は世界行動計画の機会均等の定義をより発展させ、機会均等の原則の下に平等を以下のように定義づけた点で意義深い。「平等な権利の原則とは、すべての個人のニーズは同等に重要であり、このニーズが社会の設計の基礎とならなければならず、あらゆる資源がすべての個人の均等な参画の機会を確保するために使われなければならないということである。障害のある人々は社会の構成員であり、地域社会にとどまる権利を有している。通常の教育、医療、雇用、社会サービスの体系内において支援を受けるべきである」。基準規則は、障害が、個人の身体的・知的・感覚的・精神的状態そのものではなく、社会が環境整備や制度実践をしないことから生じる困難であることを明らかにした。平等な参加の前提条件と、平等な参加への目標分野、実施方策という3つの切り口から障害者のさまざまな生活分野を明確に示した。

10) この経緯についての参考書として、ジョセフ・シャピロ(秋山愛子訳)『哀れみはいらない』(現代書館、1999年)を挙げさせていただく。

人権モデルへの転換とその実現は、非常に重要なポイントであると私は思う。

3.第１次十年とアジェンダ・フォー・アクション

さて、肝心のアジア・太平洋地域の障害者の人権である。基本的には、これも、今述べた発想の転換（パラダイム・シフト）という世界の潮流の影響を受けている。が、それに加えてこの地域のニーズに即した政府や市民社会、エスキャップの取組みなどの相互作用が加わって、第１次十年を通じ一定の前進を遂げたといえる。

この第１次十年の前、80年代、国連障害者の十年に基づく「障害者に関する世界行動計画」の時代、エスキャップ内にも担当者が位置づけられ、それなりにプログラムを運営していた。また、障害のある人たち自身による公民権運動といえる「自立生活運動」の哲学である「当事者主体」と「人権」を継承した障害者インターナショナル（DPI）のような団体が1981年にシンガポールで旗を上げ、アジア・太平洋地域内で次々に国内DPIが作られ始めていった。が、当時の国連事務総長が「多くの発展途上国では国連障害者の十年で障害者の生活がよくなったという証拠はほとんど見当たらない」と言ったように、アジア・太平洋地域における障害者へのインパクトは、かなり物足りないものであった11)。

そういったなか、当時のDPIアジア・太平洋ブロック議長・八代英太氏を中心に、アジア・太平洋地域独自のイニシアチブが必要であるとの意見がエスキャップに出され、1992年、北京のエスキャップ総会でアジア・太平洋障害者の完全参加と平等宣言が採択され、アジア太平洋障害者の十年（1993〜2002年）が設定された。地域レベルで十年の取組みがされたのは、アジア・太平洋地域が初めてだった12)。

第１次十年の目標は、「障害者に関する世界行動計画」の実現にこの地域として「新たな起動力」を与え、障害者の「完全参加と平等」を実現することだった。そのための政策ガイドラインとして策定されたのが「アジェンダ・フォー・アクション」（直訳すると「行動課題」）である。ここでは、①国内調整、②法律の制定、③情報収集、④啓蒙活動、⑤アクセスと情報伝達、⑥教育、⑦職業訓練と雇用、⑧障害原因の予防、⑨リハビリテーション、⑩福祉機器、⑪自助グループの組織化、⑫地域協力の12の問題領域が設定され、さらに各課題に個別の行動計画が挙げられた。その後、それぞれの課題実現をより明確にするために、95年に73の目標が設定され、さらに2000年には、最後の３年間の達成を加速するとの目的から、目標が107に改変された。

私は、この文書そのものを人権モデルの視点から厳密に検証してみた。確か

---

11)ニノミヤ・アキイエ・ヘンリー『アジアの障害者と国際NGO』（明石書店、1999年）。
12)国連障害者の十年の評価専門家会議において、障害者インターナショナルの当時の議長八代英太氏などをはじめとしたNGOが、アジア太平洋独自の十年の必要性を積極的に訴えたことが契機になっている。

に、障害のある人の完全参加と平等の実現を目標にしているという理念は繰り返し言及されているが、同じ年に策定された「障害者の機会均等化に関する基準規則」と比べて13)、既存の人権条約への言及があるわけでもなく、障害のある人が権利の主体であることや、社会の側に障害のある人の社会参加を妨げる障壁を取り除く義務があるということ、障害のある個人と社会環境の相互作用の結果として障害が発生するという概念は明確にされてはいない。人権の視点が機軸であることは確かだが、基準規則ほど強く、理論的に明確に打ち出されてはいない。アジェンダ・フォー・アクションは、政策がアトランダムにカタログ化されているという印象を受ける。

がその一方、地域文書として、アジア・太平洋の現状を反映したかなり具体的な提案がされており、地域内政府により現実的な指針を与える効果は果たしたとも思う。たとえば、基準規則にもアジェンダにも「立法」の項目がある。基準規則では、「政府の完全参加平等を原則にした法整備の義務、障害者の市民的、政治的権利行使実現の義務、立法への当事者組織関与、制裁規定を盛り込む」ことなどの原則が挙げられている。

他方、アジェンダ・フォー・アクションでは、「障害者に不利益な既存の法律の見直しと差別禁止の法律の制定、機会均等目的の法制整備(アファーマティブ・アクション、税制優遇、関税免除などを含む)、建築や情報通信分野における障壁をなくすような法律の整備、社会保障制度の適応範囲に障害者を含むこと、健康と安全に関する法整備14)、法律施行に必要なメカニズムの整備、介助者に関する法律整備、法律に関する情報の普及、関連国連文書の活用、エスキャップ加盟国内の平等法制に関する情報交換」とリスト化している。また、後に策定された107の項目では、「相続、婚姻、財産などの法律や刑法、民事訴訟法などあらゆる実体法と手続法の調査・確認、障害のある女性や知的障害者の権利確保、著作権法改正、オンブズマン制度導入」など、かなり具体的な提言をしている。

4.第１次十年に関する積極的評価と今後の課題──アジェンダの項目に沿って

エスキャップは、アジェンダ・フォー・アクションを基礎に、政府の政策策定と実施を促すために、より具体的な政策ガイドラインの出版や、トレーニング、研修、パイロット・プロジェクトや各種事業などを、地域全体と個別の国やコミュニティを対象に展開してきた。アジア・太

---

13)基準規則では、機会均等の前提条件として、(1)意識向上、(2)医療、(3)リハビリテーション、(4)支援サービス、平等な参加への目標分野として、(5)アクセシビリティ、(6)教育、(7)就労、(8)生活保障と社会保障、(9)家族生活と人間としての尊厳、(10)文化、(11)レクリエーションとスポーツ、(12)宗教、実施方策として、(13)情報と研究、(14)政策形成と計画立案、(15)立法、(16)経済政策、(17)業務の調整、(18)障害者組織、(19)職員研修、(20)モニタリングと評価、(21)技術・経済協力、(22)国際協力、という構造になっている。
14)このなかには、禁煙法整備、花火・飲酒運転や子どもに有害なおもちゃに関する規制整備も含まれている。飲酒運転や花火に関する規制は、その事故から発生する障害を考慮した、障害の原因の予防という観点である。

平洋地域の政府は、アジェンダ・フォー・アクションの目標達成の度合いを報告することが義務づけられ、1997年ソウル、1999年バンコク、2000年バンコク、そして最終年の2002年大阪の会議で、政府の達成が報告、評価された。

　事業のなかでとくに注目すべきは、アクセス整備である。1995年、エスキャップはアクセス政策のガイドラインを発行、続いて1996〜1998年にバンコク・北京・ニューデリー内のアクセス整備パイロット・プロジェクトが行われ、各地で半径1キロ地域で点字ブロックを設置することや、段差解消などを中心に整備が進められた。これらは、各国政府のアクセス政策を促すという成果を生んだ。そして、障害のある人自身と建築家、行政担当者が障害者の人権やアクセス・ニーズ、政策に精通し、自国での政策策定や実施に関わるための研修も連続して行われた15)。

　2001年、アジェンダの12の領域の達成を図るため、地域内政府の担当者にアンケートが配付され、その結果33カ国からの回答を得た16)。これをもとにした評価報告書17)によれば、アジェンダの12領域それぞれに一定の前進があったとし、特筆すべきいくつかの領域を挙げている。以下、これらの領域を中心に過去10年の積極的評価と今後の課題の一部を挙げてみる。

(1)領域①——国内調整機関

　積極的評価：障害についての政策策定を担う国内調整機関はこの10年で27カ国に設立され、うち12カ国の機関でアジェンダ・フォー・アクションを反映した政策が策定された。

　課題：全体からするとまだまだ数が足りない。また、27カ国のうち17カ国の機関は依然として社会福祉関係省庁の所管にある。エスキャップの報告書の言葉をそのまま借りれば、「障害が依然として主に福祉の観点から見られている」反映である。人権という視点からの政策策定であれば、日本でいえば内閣府的なところに所管を移し、総合的な立場から政策策定と実施を進めるべきである。

(2)領域②——立法

　積極的評価：13カ国で障害者に特化した法律が策定され、差別禁止法の制定も進んだ。とくに香港の差別禁止法は、機会平等委員会(EOC)という独立機関も設置し、すばらしい法律であるとエスキャップ報告書は評価している。

　私個人の調査によると、2002年10月の段階で、障害者差別禁止や法の下の平等を盛り込んだ憲法や法律のある国は10カ国である18)。なかでも、やはり香港やニュージーランド、オーストラリアの障害者差別禁止法は、概してADAと同

---

15)この研修「Regional Training Course for Promotion of Non-handicapping Environment for Persons with Disabilities」は2003年より、バンコクのアジア・太平洋障害者センター（APCD）によって受け継がれた。
16)NGOの評価や、より質的な側面に重点を置いた評価手法を取り入れるべきではないかという意見はあり、これらは今後の課題である。
17)ESCAP Review of National Progress in the Implementation of the Agenda for Action for the Asia and Pacific Decade of Disabled Persons, 1993-2002, UN Doc. E/ESCAP/APDDP/1.

じ権利法の構成をとっており、障害のある人に対する差別が明確かつ具体的に定義されている。これらの法律に基づいて、たとえば、建造物にスロープを設置しないことや、車椅子利用者をタクシーが乗車拒否したこと、視覚障害者のマッサージ師がいることでマッサージのお店に営業許可を出さなかったこと、というような例が差別としてみなされ、差別をした側に対する賠償金や法的制裁を通じての救済措置がとられている。今後、さまざまな判例をより検討することで、他の国々にも示唆を与えられるのではないかと思う。

課題：法律は施行しなければならない。「障害のある人の差別からの保護と権利実践において、主な制約要因は法の施行メカニズムと、法が遵守されない場合の罰則制度などが機能してこなかったことである」とエスキャップ報告書は述べている。冒頭に述べたように、アジア・太平洋の多くの国々で、ガバナンスや「法の支配」がどのように担保されているのかといったところからも検討が必要であろうし、それぞれの障害者の「権利法」がどのように問題解決しているのか、あるいはいないのかの批判的かつ建設的な検討が必要であろう。

たとえばある国では、憲法で障害のある人の法の下の平等を保障しているにもかかわらず、あるポリオの弁護士が判事試験に応募したところ、判事にふさわしい威厳と尊厳をその障害ゆえに有していないという理由から、規則に基づいて受験資格がないとされた。そこで、この規則が憲法の法の下の平等（この中に障害のある人もはっきり明記されている）に違反しているのでは、という主張で裁判が起こされた。が、憲法裁判所は、規則は違憲ではないという結果を出した。司法が人権モデルの考え方を実践していなければ、障害のある人の人権確立も困難であることを語る例である。

(3) 領域⑥——教育

課題：エスキャップは、教育の課題がかなり深刻であると捉えている。現在、この地域で、形態をとわず教育を受けている障害児の率は平均すると10%に満たない。さらに、1999年のデータに基づくと、発展途上国の障害のある子どもたちが学校に通っている率は2〜5%となっている。また、すべての子どもに教育をという政策[19]を策定した国は20カ

---

18)①オーストラリア：1992年障害差別法（Disability Discrimination Act of 1992）、②中国：障害者擁護中華人民共和国法（1990年）(Law of the People's Republic of China on the Protection of Disabled Persons (1990))、③フィジー：1997年改正憲法（Constitution, as amended 1997）、④香港：SAR障害差別条例、1995年(SAR Disability Discrimination Ordinance, 1995)、⑤インド：障害をもつ人（機会均等、権利擁護と完全参加）法、1995年(The Persons with Disabilities (Equal Opportunities, Protection of Rights and Full Participation) Act, 1995)、⑥韓国：ⓐ障害をもつ人の社会福祉法4179号（1989年）(The Welfare Law For Persons with Disabilities, Law No.4179 (1989))、ⓑ障害者の雇用促進等関係法4219号（1990年）(Act Relating to Employment Promotion, etc. of the Handicapped, Law No. 4219 (1990))、ⓒ1994年改正特殊教育促進法（The Special Education Promotion Law, as amended 1994）、⑦ニュージーランド：人権法1993年（Human Rights Act 1993）、⑧フィリピン：障害者大憲章、1991年(Magna Carta for Disabled Persons, 1991)、⑨スリランカ：障害をもつ人の権利擁護法、1996年第28号（Protection of the Rights of Persons with Disabilities Act, No.28 of 1996)、⑩タイ：憲法1997年改正。
19)原語は "Education for All"。

国あるとの報告を受けたが、そのうち障害児について触れているのは7カ国しかなかった。さらに、障害のある人の教育の多くは特殊教育という形態である。

（4）領域⑧──障害の原因の予防

積極的評価：障害原因の予防を視野に入れた包括的政策が、25カ国で策定された。バングラデシュの栄養プログラムや予防接種の成果が評価されている。

（5）領域⑪──自助グループの組織化

積極的評価：22カ国で、障害の種別を超えて問題に取り組む団体あるいは当事者主体の自助団体が作られ、DPIが域内22カ国に存在する[20]。

課題：障害のある当事者の組織化が進んだことは確かだが、政府がこれらの団体と政策策定において「パートナーシップを組み、協議しているかというと、その前進は遅々としていた」という反省がある。

5.第１次十年に関する積極的評価と今後の課題──アジェンダの項目外で

アジェンダの問題領域として挙げられなかったが、貧困が障害のある人にとって大きな課題であることについても、エスキャップは警告した。実際、エスキャップでは、十年の評価報告書とは別に『障害者の状況に影響を与えている現代の課題』という報告書を昨年発行し、その中でこの問題を取り上げた。これによれば、「偏見や差別という要素も加わり、貧困層のなかでも経済的にも社会的にも最も不利な状況にあるのが障害のある人たちであり、そのため貧困から抜け出すことがいつまでもできないという悪循環に陥っている。障害と貧困の複合的な効果によって、個人として成長し、自立生活や社会貢献する機会を奪われている」。貧困は人権が欠如した深刻な状態である。世界銀行のウルフェンソン総裁も、障害のある人の問題を課題として挙げずして貧困削減はないと断言しているほどだ[21]。

さらに、障害のある人の統計データベースがきちんと確立している国が非常に少数であることも大きな問題である。たとえば、障害のある人と貧困層の相関関係が指摘されるなか、包括的かつ正確な、障害のある人の貧困の実態を示す情報がない[22]。タイでは、人口ひとつとっても、手法によって100万人以上の違いが出てきたことがある[23]。正確な情報把握は政策策定に不可欠であることからも、これは大きな問題である。

また、私見ではあるが、第１次十年においては、知的障害者や精神障害者の課題について積極的に取り組まれな

20）2003年4月段階では25カ国になった。
21）James D. Wolfensohn "Poor, Disabled and Shut Out" Washington Post., December 3, 2002.
22）Elwan, A. Poverty and Disability: An Introduction to Community-based Rehabilitation, 1999.
23）タイの行政・障害者担当官によれば、1996年の統計では、480万と600万という異なるデータがあるという。現在、どの障害の定義を採用するのか協議中である。

かったことも、今後積極的に取り上げるべき課題として挙げたい。

この原稿依頼を受けて、私は、「この10年で、アジア・太平洋地域の障害のある人の人権という視点から、何が前進したと思いますか?」と、これまで実際に第1次アジア太平洋障害者の十年に関わった人々にインタビューしてみた。すると皆が、障害に関する意識の向上が政府レベルや一般の人々、障害のある当事者自身に見られたことを挙げた[24]。たとえば、非常に単純に聞こえるかもしれないが、アジェンダ・フォー・アクションと73の目標、107の目標が政府に課せられたことで、障害者の問題が生活の全領域にわたることが加盟国の政府に具体的に認識され、政策のイメージがより明らかになったという。

あるいは、タイを一例に挙げると、何もできない障害者から、社会に貢献する障害者というイメージを、人々がこの10年でかなり受け入れるようになったという。90年代前半にタイの憲政史上初めての障害者国会議員になったナロン氏も、こういった障害者観の変革に貢献した。また、この国にはそれまで、障害者を対象にした包括的な法律が一切なかったが、タイDPIが中心になって作ったタイ障害者協議会が法案作りに関わって、リハビリテーション法が成立[25]、この法律に基づいた各県の委員会には、必ず当事者が入らなければならなくなった。

BTSという高架鉄道のエレベータ設置に一役買ったという例もある。

以上、簡単ではあるが、第1次十年の評価と今後の課題を、アジェンダの項目にあるものもなかったものも含めて振り返ってみた。こうしてみると、第1次アジア太平洋障害者の十年が終わったといっても、教育を受けられないことや貧困という深刻な人権欠如の状態は、看過できない現実として私たちに突きつけられている。がその一方では、アジア・太平洋地域の障害のある人は、以前に比べると、包括的な政策の対象として捉えられるようになり、政策策定に必要なメカニズムも一定程度整備されるようになった。障害者の人権・非差別という言葉や概念は、以前に比べるとかなり政策や法律の中に意識されるか明記されるようになってきた。実態がどれほど伴っているかは別問題として、人権を保障するための仕組みは徐々に積み上げられてきたといえる。

6.第2次十年
——びわこミレニアム・フレームワーク

2002年、エスキャップ第58回総会において、アジア太平洋障害者の十年をもう1サイクル延長するため、「21世紀のアジア太平洋地域の障害者とすべての人のための、障壁から解放され、権利に

---

[24] 前エスキャップ障害問題専門官、高嶺豊氏、初代エスキャップ障害問題専門官中西由紀子氏、タイ行政担当者、NGOの方など数人にインタビューさせていただいた。
[25] この法律では、障害者の医療・雇用・教育について規定、雇用においては割当制が規定されている。が、現在、割当制度やリハビリテーション法の評価について、当事者間での意見もさまざまある。

根ざした社会の推進」という決議案が日本政府から提出され、採択された。これは、さらなる前進と未解決の問題への対応の必要性、過去の実績ひとつとっても地域内の格差が大きいことなどを各国政府が認識したからだった26)。

第2次十年のテーマは、決議案の題名そのものである。「すべての人のため」というのは原語では「Inclusive」であり、障害者の権利を保障することは、すべての人の権利が保障され、よい社会になるという側面を指す。建築物や交通機関などのバリアフリー化が、高齢者や妊娠中の女性、重い荷物を持っている人などすべての人に利益をもたらすという発想と実態から生まれた、ユニバーサル・デザインの概念がここに反映されている。行政にとっては、どの政策を策定し、実践するかという点において、どれだけ多くの人がそれによって影響を受けるかということはひとつの指標になるであろう。その点から、この「すべての人のための（inclusive）」という概念は、いわゆる障害者政策がその対象を超えて多くの人に利益をもたらすことを示すのに有効に思われる。

「障壁から解放され」というのは原語では「Barrie-free」である。これは、物理的な障壁、態度の障壁、社会的、経済的、文化的障壁などのない社会という意味である。

「権利に根ざした」というのは原語では「Rights-based」である。これは、「発展への権利」を含む「人権」の概念に基づいた社会という意味である。

このテーマに基づいた第2次十年の政策ガイドラインsとして策定されたのが、「びわこミレニアム・フレームワーク」（以下、英語の頭文字をとってBMFとする）である27)。この策定には、障害関連問題テーマ部会28)や他の会議、十年のキャンペーンなどを通じ、草案段階から、障害関連のNGOが意見を反映させてきた29)。

BMFはその序言で、「慈善にもとづいたアプローチ」から「権利にもとづいたアプローチ」へのパラダイム・シフト（発想転換）の実践と、障害者権利条約の提案を検討する特別委員会の決議を考慮することを政府に訴えかけ、別立てで、以下9つの原則を挙げている。

(1)障害のある人のあらゆる権利を保障し、機会均等に関連する法律を整備し施行すること。

(2)既存の法律や新法に障害の側面を反映させること。

---

26) 2002年7月の段階で、アジア・太平洋障害者の完全参加と平等宣言に署名した国は41カ国である。傾向としては、中央アジアやオセアニアの国々が比較的後半になって署名している。エスキャップの取組みとしても、これらの地域を対象にしたものはまだ不十分である。また、署名していない国々へのアウトリーチが不可欠である。
27) 前掲注4)。
28) 域内国連機関と政府代表、NGOが一緒になって、アジェンダ・フォー・アクションの実践や評価についての議論を重ねてきた。雇用や情報通信、東ティモール、教育の作業部会などもある。2003年からはBMFにあわせて、障害者差別撤廃条約や、当事者団体の部会も始動する予定である。
29) また、第2次十年の策定に関しても、NGOの熱心な働きかけがあった。詳しくは、アジア・ディスアビリティ・インスティテート（中西由紀子訳）「アジア太平洋障害者の十年」をご参照いただきたい（アジア・ディスアビリティ・インスティテート、http://www.din.or.jp/~yukin/）。

(3)障害に関する政策策定メカニズムの設置と強化、障害関連団体、当事者団体の政策策定参画。

(4)障害当事者団体発展の支援、とりわけ、障害のある女性の社会参画に関しては、障害のない女性と同様に進めること。

(5)国連で策定されたミレニアム開発目標、とりわけ貧困撲滅と教育、若年層の雇用の領域において、障害者の視点を反映させること。

(6)各国の、障害に関する統計集積力を高めること。

(7)教育を含む各領域の早期介入。

(8)障害の発生の予防やリハビリ、機会均等に関してコミュニティ・ベースト(地域に根ざした)・アプローチを強化すること。

(9)ユニバーサル・デザイン、インクルーシブな発想でインフラ整備を行うこと。

これらの原則のもとに、BMFではまず7つの活動優先領域を挙げ、各領域別に課題と目標、目標達成のための具体的行動を明記している。さらに、これらの目標達成のための戦略として4つの領域を挙げ、各領域に具体的な戦略を明記した。最後に、目標達成のための協力と支援、モニタリングと評価についての指針が与えられている。

7つの活動優先領域とは、①障害のある人の自助団体と関連する家族団体、②障害のある女性、③早期介入と教育、④自営業を含む訓練と雇用、⑤環境と交通機関のアクセス、⑥情報とコミュニケーション、補助技術を含む情報通信のアクセス、⑦能力強化、社会保障、維持可能な生活事業などを通じた貧困撲滅である。これらのもとに合計21の目標が挙げられている。

4つの戦略領域とは、①障害に関する国内行動計画、②障害問題への権利に根ざしたアプローチ、③策定のための障害統計と、定義の共通化、④障害の発生の予防やリハビリ、エンパワメントに関するコミュニティ・ベースト・アプローチ、である。これらのもとに合計17の戦略が挙げられている。

びわこミレニアム・フレームワークをひとつの織物とたとえるならば、7つの優先領域と21の目標は縦糸で、4つの戦略領域と17の戦略は横糸として考えられる。

国連ミレニアム・サミットで2000年に導入され、同年総会で採択されたミレニアム開発目標(MDG)は、貧困削減や教育普及などの数値目標を掲げているが、障害のある人に言及していない。したがってBMFでは、優先領域③早期介入と教育と、⑦能力強化、社会保障、維持可能な生活事業などを通じた貧困撲滅においてMDGを取り入れ、目標(6)で「2015年までに、すべてのこどもが初等教育を完了するというMDGの目的達成において、障害のあるこどもや若年層がきちんと対象となること」、目標(21)で「2015年までに政府は、1日の収入及び消費が1ドル以下の障害のある人の人口を半分にすること」を掲げた。

本稿では、この文書を全部説明すること自体が目的ではないが、障害のある人が人権の主体という視点、とりわけ、

非差別と機会均等という人権モデルの原則から、私なりに重要であると思う達成目標と戦略(要約)をここに挙げてみる。

優先課題領域①——障害のある人の自助団体と関連する家族団体
目標(2)——2005年までに政府と市民社会は、障害のある人の団体が意思決定に完全に参画できるようにする。
優先課題領域②——障害のある女性
目標(3)——政府は2005年までに適宜、障害のある女性の権利を守る差別禁止法を制定させるべきである。

目標達成の戦略②——障害問題への権利に根ざしたアプローチ
戦略(2)——政府は非差別を確保するための法律を制定・施行し、既存の法律を見直さなければならない。これらの法律には何が障害者差別なのかがはっきり明記されなければならないし、既存の国連の人権および障害に関する文書の水準を遵守しなければならない。障害のある人は権利行使に効果的な救済のシステムに適切にアクセスできなければいけない。
戦略(5)——政府は既存の主要な人権条約を批准することを考慮すべきである。条約機関への政府報告書に障害のある人の権利について明確に書かれていなければならない。
戦略(6)——障害者権利条約に関する国連特別委員会の活動を支持し、多様な障害団体の参画や貢献を促進すべきである。
戦略(7)——権利条約の草案作りや採択に関して、障害のある当事者や団体を参画させるべきである。

7.権利に根ざした発展

BMFは、アジェンダ・フォー・アクションに比べると、権利という概念とその実践の方法をかなり明確にしている。たとえば、障害者権利条約制定に関する世界的な動きが活発になるなかで、以前であれば、障害に関する問題を既存の人権条約の中でも適切に捉え発信していくことは政府に期待されていなかったかもしれないが、BMFはこのことを明確に要求している。

また、発展途上国の懸念を反映した「権利に根ざした発展」も、BMF実践において重要なキーワードである[30]。そもそも人権を実践するうえで重要な概念としては、①当事者が意思決定や実践に参画すること、②当事者が権利の主体であり、社会が義務の提供者という関係性が事業の内容や実践に反映されること、③当事者が他の人と異なる不公正な扱いを受けない、差別されないこと、④あらゆる権利(経済的・社会的・文化

---

[30] 発展への権利は、1986年の「発展に関する権利宣言」"Declaration on the Right to Development" で明記されているように、「奪うことのできない人権であり、これにより、すべての人間は経済的・社会的・文化的・政治的な発展を享受し、これらに参画し、貢献するものとする。またこれらにおいてあらゆる人権と基本的自由が十分に実現化される」とある。国連人権高等弁務官事務所も、この人権の推進には力を入れている。

的・政治的・市民的）はどれもが同等に重要で、分けることができないということを実際に確保すること、⑤当事者が慈善の対象になるのでなくエンパワメントしていくことなどが挙げられる31)。「権利に根ざした発展」では、これらが、地域協力や国際協力、NGO、各国内の発展・開発の事業や政策に反映されるようにすべきであるということになる。

たとえば、これまでの途上国の障害者支援の一典型として聞く話として、施設への寄付金などがある。目の前のニーズに応えるということ自体がいけないというわけではないが、権利に根ざした発想からすれば、その社会の中で障害のある人が一市民としてのさまざまな権利（居住権、意見表明権など）を行使するという点からすると、果たして施設という形態が当事者にとって一番よいことなのか、望んでいるのか、社会に何を訴えていくべきなのか、コミュニティの構造や政策をどう変えればいいのかなど、さまざまな疑問が投げかけられなければならない。

これは現実のHIV/AIDSの例だが、OXFAMという団体は、以前は「ニーズに基づいたアプローチ」で、当事者が必要としている情報や施設へのアクセスを提供することのみに終始していたが、現在は「権利に基づいたアプローチ」からHIVの医薬提供を国内医療提供事業に統合させたり、当事者に対する否定的なイメージをなくすためのアドボカシーにも力を入れるようにし始めたという。このようなアプローチの転換が、障害者に関する事業や政策のあらゆる局面で展開されることが今後期待される32)。

8.おわりに

1980年代の世界の障害者の十年から、90年代の地域の障害者の十年を経て、21世紀の初頭、2003年に第2次アジア太平洋障害者の十年の幕が切って落とされた。そして今、世界的には7つめの人権条約としての、障害者権利条約設定に向けた動きが高まっている。今年の6月終わりに開かれる予定の国連特別委員会に向けて、エスキャップでも、権利条約をテーマとした会議を今年だけでも3回企画している。

またバンコクでは、日本政府がタイ政府を援助して設立したアジア・太平洋障害者センター（Asian Pacific Development Center on Disability, APCD）の事業がすでに始動している。ここでは、障害のあるリーダーたちも中核となってさまざまな研修や事業を進めているが、障害のある個人がエンパワメントされ、人権を基軸にした社会を構築していくことを大きな目的としている。

このセンターは、BMFの中でも地域の重要な情報発信と収集、研修の場として位置づけられており、すでに今年は、コンピュータ・自立生活についての研修や、人権条約についての研修も予定して

---

31) 国連人権高等弁務官事務所アジア・太平洋事務所主催ラウンドテーブル資料「権利に根ざした発展」(2003年)。
32) その際、CBR（地域に根ざしたリハビリテーション）が有意義な手法として注目される。

おり、エスキャップは積極的な協力関係を築いている。

NGOも着々と動いている。たとえば、DPIアジア太平洋は2003年4月、APCDやエスキャップの協力も得ながら、この地域12カ国からの女性障害者を対象にしたトレーニングを展開、BMFや条約の哲学や目標についてのセッションを行った。エスキャップでも、障害のある女性を対象にしたワークショップを夏に企画している。

80年代の世界規模のイニシアチブから90年代のアジア・太平洋地域のイニシアチブを経た今、第2次障害者の十年に求められているのは、障害のある個人が人権を本当に享受できる実態をつくっていくことなのではないか。

私は、自らに尋ねる。果たして10年後、冒頭に挙げたAさんやその家族の痛みや悲しみがない状態になっているだろうか？　障害があるゆえに判事になる機会を拒まれ続けることは、古い時代の産物といわれるようになるのだろうか？

21世紀が、障害のある個人の人権確立の世紀となるべく、私もエスキャップの一員として力を尽くしていきたいと思う次第である。

A Japanese Anti-Discrimination Act for Persons with Disabilities
差別禁止法制定に向けて

池田直樹●Ikeda Naoki

1.日本の現在の障害者法制

　日本における現在の障害者法制は、「国連障害者の十年」が終わった1993年、「心身障害者対策基本法」を改正した障害者基本法を中心とするもので、条文には「障害者は社会の一員として社会、経済、文化その他あらゆる分野の活動に参加する機会を与えられる」といった理念が盛り込まれているが、あくまで国や地方自治体、事業者などが行う施策の理念や指針などを示すにとどまり、障害のある人々に直接権利を認め、差別を禁止するものでもない。

　したがって、具体的な場面でこの法律の規定(理念)に違反しているとしても、訴訟においてこのことが違法とされ、損害賠償請求が認められることはない。言い換えれば、裁判規範性がないということになる。「法律に規定があるのだから、裁判所は当然その規定に違反する事実に対して救済措置を講ずる」ものと期待するのが一般的であるが、具体的な権利規定、法的義務規定になっていないと損害賠償請求などの根拠とならないのである。

　他方「身体障害者福祉法」なども差別禁止を定めるものではなく、憲法が国民に保障する「生存権」(25条)を実現するために、多様な福祉的給付制度を定めるにとどまっている。したがって、障害のある人々を対等な社会の一員として実質的平等を保障するための「障害者差別禁止法」は、すでに40カ国を超える多くの諸外国で制定されているにもかかわらず、日本では未だ制定されていないのである。

　しかし、そのような日本政府も、国際社会の中では安穏としておれなくなってきた。すなわち、日本は国際人権規約(社会権規約)を批准しており、加盟国は規約に定める施策の国内における実施状況について定期的に国連社会権規約委員会に報告しなければならないことになっているが、2001年8月、同委員会は日本政府の報告書を審査した結果を踏まえ、日本政府に対して次のように勧告した。「委員会は、締約国に対し、規約第2条2項に掲げられた差別の禁止の原則は絶対的な原則であり、客観的な基準に基づく区別でない限り、いかなる例外の対象ともなり得ない、という委員会の立場に留意するよう要請す

る。委員会は締約国がこのような立場に従って差別禁止立法を強化するよう強く勧告するものである」。「委員会は、締約国が、障害のある人々に対する差別的な法規定を廃止し、かつ障害のある人々に対するあらゆる種類の差別を禁止する法律を採択するよう勧告する」。

 すなわち、同委員会は日本政府に対し、障害者差別禁止法の制定を勧告したのである。これは、国連主導のもと、世界各国で推進されている障害のある人の法的地位の確立をめざす制度改革の状況から見て、日本の状況があまりにお粗末であることを示すものといえ、日本政府は国際的に恥をさらしたものというべきである。こうして、やっと日本は障害者差別禁止法制定の重要性、緊急性に気づいたのである。

2.障害者差別禁止法はアメリカから始まった

 障害者差別禁止法を最初に制定したのはアメリカである。1990年、ブッシュ大統領(現大統領の父)は、障害者団体の粘り強いロビー活動に応えて、連邦法であるADA(Americans with Disabilities Act)を制定させた。その後イギリスでもDDA(Disability Discrimination Act)が制定された。そのほか、ADA制定以降の10年間に40カ国を超える国々で差別禁止法が制定された。

 各国でこのような法制化が進んだ背景には、1982年から国連が実施した「完全参加と平等」をスローガンとする世界的な取組みが、各国政府の障害のある人々に対するスタンスを改めさせたといえる。国連は「障害者の権利宣言(1975年)」を採択した後、1981年を「国際障害者年」と定め、「国連・障害者の十年(1983〜1992年)」を実施した。さらに、1993年には社会の具体的な場面で障害のある人々が完全に参加できるようにするため、「障害者の機会均等化に関する基準規則(スタンダード)」が第48回国連総会で採択された。このように、国連の示した理念と個別の基準の果たした役割は大きかったといえる。

3.障害者差別禁止の理念

 ところで、ADAなどで障害者差別禁止の基本とされている理念を見ると、障害のある人に対する国の基本的なスタンスが改められていることが読み取れる。すなわち、世界的に見ても、従来は、障害のある人々に対する施策のスタンスは、戦争で傷病を負った人々、病弱な人々、高齢者、生活困窮者などと同様に「社会的弱者」といわれる人々として位置づけられ、「一般市民とは別枠」で社会復帰支援を行う、というものであった。すなわち、この「社会的弱者」といわれるグループは、「社会が支援しなければ生きていけない人々」であり、社会参加のための基盤整備は後回しにされるなど「一般の人々」よりも一段低く位置づけられ、「社会のシステムに合わせ、これを利用することの困難な人々」として社会からはじき出され、施設に隔離されたうえで、「特別な救済(保護)の対象」とされてきたのである。また、ここでいう「支援が必

要な人々」は、あるときは「治療の必要な人々」として位置づけられ、治療の対象として社会から隔離されてしまうこともあった。

しかし、このような、「社会的弱者」という捉え方は、その人々が本来「まず社会の一員として当然に受け入れられるべき人々」であることに気づくのを妨げることになった。この認識の誤りに気づかせたのは、障害のある人々自身の叫びである。「われわれを障害者(disabled people)と呼ぶのはやめてほしい。われわれは、まず人として(as people first)受け止めてほしい」。そして、社会のシステムこそ、障害のある人々が当然に参加できるようにつくり変えられなければならず、障害のある人々は支援や改善を要求する権利が認められるべきであることを訴えたのであり、各国の政府に改善を迫ったのである。

この新たな視点に立つ以上、障害のある人々は「保護・治療の対象(客体)」ではなく、統合された環境の中での「対等の権利主体」として位置づけられることになる。諸外国の障害者差別禁止法は、このような理念に裏打ちされたものなのである。

4.裁判事例と差別禁止法制定の意義

ところで、差別禁止法をもたない日本において、司法的救済はどのような現状にあるのだろうか。

たとえば、実際に次のような訴訟が大阪地裁に提起されたことがある。鉄道の駅が高架になっており、改札口からホームまで階段しかない。車いす利用者がこのような駅を利用するためには、駅員もしくは乗客に担いでもらうか、階段昇降機(車いすを乗せながらキャタピラで階段をよじ登っていく電動機器)で上がるしかない。そして、この訴訟で原告となった車いす利用者が利用する駅では、夜8時以降は駅員がいなくなるため、帰宅する際は、駅員が終電車までいる大きな駅で降りなければならない。

原告は、これでは同じ運賃を支払っても健常者と同等のサービスを受けているとはいえず、差別を受けているとともに、車いす利用者に対しては「移動環境整備要求権」が認められているはずだ、などと主張してエレベーターの設置を要求し、差別に対する損害賠償を求めて提訴した。しかし、裁判所は、「憲法及び法律の中に車椅子利用者に対して移動環境整備要求権を保障した規定はなく、高架駅にどのようなバリアフリー設備を設置するかについてはその鉄道事業者の裁量に任されている。したがって鉄道事業者にエレベーターを設置する法的義務はなく、エレベーターを設置していないからといって違法とは言えず、違法な差別にもあたらない」と判示した(大阪地裁1999年3月11日判決)。

また、エレベーターを設置しないことは障害者基本法に違反するとの主張に対しても、「障害者基本法は、国や地方自治体の施策実施に際しての指針や理念を示したものに過ぎず、国民に具体的な権利を保障したものではない」として障害者基本法の裁判規範性を否定し

た。同様に国際人権規約についても否定された。

　ただ、大阪地裁は、原告が根拠として主張していた「移動の自由」について、次のように言及した。「なお、付言するに、障害者の移動の自由を実質的に保障するためには、鉄道など公共性の高い施設について、エレベーターの設置を積極的に推進することが望ましいことはいうまでもなく、原告が指摘する憲法、法令の諸規定等からもそのような趣旨は十分にうかがわれるところである」。

　また、エレベーターの設置についても、「エレベーターの設備等に関する鉄道事業者の努力がなおざりにされることがあってはならず、身体障害者と健常者との実質的平等を確保することが社会的な要請となっている現状に照らすと、身体障害者の移動の自由を実質的に確保するための投資は、被告（JR西日本）のする各種投資の中でも、相当程度優先順位の高いものとして位置付けられることが求められているというべきである」と述べ、JR西日本のまったくの自由な裁量に委ねられているものではないことを明らかにした。以上の立場は、控訴審でも踏襲された（大阪高裁2000年1月21日判決）。

　また、東京の青梅に在住する車いす利用者が五能線（川辺－東能代間、行程約4時間30分）を利用しようとしたが、五能線で使用されている「リゾートしらかみ」の車輌にはトイレ設備のある車輌が連結されているが、そのトイレ設備は車いす仕様になっていない。ということは、車いす利用者はトイレを利用できず、結果として「リゾートしらかみ」には乗れないということになる。これは車いす利用者を排除することになり、違法な差別ではないか、という問題提起があった。この車いす利用者はトイレを車いす仕様に改善することなどを求めて東京地裁に提訴したが、同地裁は前記大阪地裁と同様の立場に立ち、原告となった車いす利用者の請求を認めなかった（東京地裁2001年7月23日判決）。控訴審判決（東京高裁2002年3月28日判決）と上告審判決（最高裁2002年10月25日判決）も同様であった。

　結局、裁判所の解釈によれば、現在の法規範の中では、実質的平等に向けた配慮を義務づけた規範はない、ということになる。そうである以上は、今後速やかに、配慮義務を明記した法規範を定める必要がある。後述するように、裁判官が「できれば平等が望ましい」とか「徐々に改善されている」といった言葉を車いす利用者に投げかけること自体、車いす利用者を「社会の一員」として認めていないということになる。なぜなら、同じ社会の一員というのであれば、障害を理由に社会参加から排除されることはなく、現に社会の設備に不備があれば、可及的速やかに改善すべきだとの判断がなされるはずだからである。

5.差別禁止法の内容

　「差別とは」と問われて、すぐに想定できるものとしては、障害を理由に通常提供されるサービスを拒否したり、不利益な取扱いをすることなどがある。このよ

うな差別が現在の憲法上禁止されていることに争いはない。憲法14条は法の下の平等を保障している。そしてこの条文で例示されている「人種、性別……」の中に「障害」は確かに含まれていないが、日本政府が批准している社会権規約2条2項(平等原則)の解釈として「障害」を理由とする差別禁止も含まれることは「一般的意見(general comment) 5」(1994年)1)の中で明示された2)。

しかし、このような不利益取扱いをしない、というのみで十分だろうか。国連は「完全参加と平等」というスローガンを世界に提唱し、障害のある人が社会の一員として、権利主体として関わる社会をめざしている。世の中の制度や建物や町づくりなど障壁(バリア)に満ちた状態のままで、「不利益取扱いしませんから、どうぞ参加してきてください」と言われても、実際に障壁のために参加できない。したがって、障害のある人を「差別しない」ということは「積極的に平等の機会を与える」、「参加のための環境整備をする」ということをも意味するものとして理解しなければならないといえる。

アメリカのADAでは、社会の側に「合理的配慮義務(reasonable accommodation)」を課しており、イギリスのDDAでも「合理的調整義務(reasonable adjustment)」を課しており、これらの義務を果たさないことは「差別とみなされる」ことになる。日本においても、差別禁止法制定による新たな法規範の眼目は、この合理的配慮義務をたとえば雇用や教育の場面について明記するところにあるといえる3)。

6.「障害」の定義

社会保障給付を内容とする日本の法律における「障害」の定義は、年金などのサービスの給付を内容とする制度を運営するために「給付の対象になる障害がどのようなものを指すか」について、公平さや簡明さ、判断容易性が要求されることから、狭く限定されている。しかし、差別禁止法で用いられる「障害」の概念は、その人の尊厳が差別行為により傷つけられないようにする法の目的から見れば、定義によって振るい落とすべきでなく、できるかぎり含みうる内容にすべきである。「難病」「糖尿病」などの内部障害も含まれるのはもちろん、「肥満」「妊婦」「HIV感染者」なども含めている国もある。

7. 権利規定

ところで、差別禁止という以上は、条文として「……の行為は差別に該当する」という禁止行為の特定、「……に定める差別行為をしてはならない」、「……に定める合理的配慮義務を履行しなければならない」という規定が核になる。し

---

1) 青山法学論集38巻1号(1996年)。
2) 前述のエレベーター訴訟では、原告に対する駅員の差別発言などに対して12万円の慰謝料が認められた。
3) 日本弁護士連合会人権擁護委員会編『障害のある人の人権と差別禁止法』(明石書店、2002年)に詳しく紹介されている。

かし、これらの核になる規定の総括として、障害のある人の法的地位を確立させるためには、障害のある人を主体とした具体的な権利保障規定が必要といえる。この権利規定の1つは、前述した合理的配慮義務に対応する「合理的配慮行為を要求する権利」であり、2つには、個々の差別禁止規範の前提となる法的地位の明確化としての権利規定である。たとえば、日弁連は後述の「試案」および2001年人権擁護大会で採択した決議の宣言の中で取り上げている「地域の中で同年代の子どもと共に教育を受ける権利」などを提案している。

確かに、日本の差別禁止規範の一般条項としては憲法14条がある。しかし、この規範の内容としては最高裁は「結果の平等（実質的平等）を保障したものではない」としてきた。たとえば「堀木訴訟事件」判決（最高裁1982年7月7日判決）においても「年金支給において……は国会の裁量に任されている」といい、前記JR高架駅エレベーター訴訟においても大阪地裁は「エレベーターを設置するか否かはJRの裁量に任されている」とした。したがって、差別禁止規範を明確にすると同時に裏づけとなる権利規範を設ける必要がある。

8.実施機関の設置（当事者の参加）

ところで、差別禁止法が制定された場合に、その差別禁止という規範は、法律を制定するだけで社会の中で実現していくわけではなく、その法律の規範を社会に理解させ、定着させるための政府機関が必要となる。日本における法律の実施機関は行政部局であり、交通バリアフリーの分野では国土交通省が個別法の実施のための予算をとって、通達を出して行政指導する。その前提として最近は国民の意見を聞く「パブリックコメント」を実施しているほか、審議会を設置して審議会の答申を踏まえて具体的な実施計画を立てる。

このような流れのなかで、障害のある人に関する施策でありながら障害のある人自身が当然に審議会に加わっているわけではない。もちろん障害のある人々の全国組織の代表が加わることはあるが、委員の過半数が障害のある人でなければならない、といった基準はない。

しかし、イギリスでは、DDAが成立した当初「審議会」が政府の担当部局に答申していただけでDDAの趣旨に沿った改善が進まなかったことから、DRC（障害者権利委員会）という新たな実施機関を設置した。その委員の過半数は障害のある人自身が選ばれている。

そこでは、労働分野、交通分野、住宅分野など個々の分野ごとにDDAの規範を事業者にわかりやすく説明し、合理的調整としてどこまですべきかについて具体的にガイドラインを示す。そして、障害のある人々から差別などの苦情相談を直接受け付けて救済方法について具体的にアドバイスし、場合によっては弁護士を紹介するなどの訴訟支援も行っている。

日本では、行政の枠組みの中に位置づけられる実施機関がここまで個別案

件に関わることは考えにくいが、実施機関のあり方について見直していく必要がある。

9.差別禁止法制定運動の現状

　障害のある人々自身が個別給付の充実を求める諸要求とは別に、政策提言の研究を組織的に進めてきており、その中の作業グループは2002年12月、独自に差別禁止法案を作成し公表した4)。また、「障害者差別禁止法（JDA）を実現する全国ネットワーク」（会長：荻野昭二）は、2003年3月17日、障害者差別禁止法実現に向け「障害のある600万人の市民宣言」を公表した。

　日弁連も2001年11月にシンポジウムを行った際の実行委員を中心に調査委員会をその後設置して、主だった障害当事者団体に対して直接聞取り調査を行い、それを踏まえて文案の練り直しを行っている。最終的には2003年度末までに日弁連の理事会承認をとりつけて、国会議員に働きかけ、「障害者差別禁止法制定議員連盟」の結成を求め、法案提出を迫って行くことをめざしている。

　2003年の通常国会では、「人権擁護法(案)」が昨年から引き続き審議されることになっており、その法案の中には差別禁止規定が盛り込まれている。また、従来の法務省の人権擁護局とは別に「人権委員会」を設置することになっている。しかし、この委員会が、なお法務省の管轄とされている以上は、「政府から独立した人権機関」とはいえない。また、「障害を理由とした差別」も救済の対象として明記されているが、差別の具体的定義は示されておらず、「合理的配慮義務を履行しないことが差別行為である」と解される保証はない。このような法案では、前述した差別禁止法をめざす動きに応えたことにはならない。また、八代英太議員（自民党）を中心とした与党プロジェクト・チームは、障害者基本法を改正して、総論の中に差別禁止条項を盛り込むことを検討しているようであるが、このような条項に裁判規範性がないことに変わりなく、中途半端な改正はかえって障害のある人々の機運に水を差すことになりかねない。

　現時点で、国会議員のなかで、障害のある人の差別を禁止する法律に関心を寄せる議員は限られており、今後のよりいっそうのロビー活動が求められている。

---

4)「障害者差別禁止法制定」作業チーム編『当事者がつくる障害者差別禁止法』（現代書館、2002年）。この中には、「すべての人は、胎児に対して、障害を理由とした中絶をしてはならない」など独自の条項が盛り込まれている。

(資料)第55回日弁連人権擁護大会決議

　日本国憲法は個人の尊厳と法の下の平等を保障し、国際人権法はすべての人がいかなる差別もなく人権を享有することを謳っている。障害者の権利宣言(1975年国連採択)は、障害のある人が他の人々と等しくすべての基本的権利を有することを明確に宣言し、既に20を超える国々で、障害のある人の権利を明記し、差別を禁止する法律が制定されている。

　しかるに、わが国においては、障害のある人は、今なお根深い偏見と無理解のために、日々様々な場面において深刻な差別と人権侵害を受け続けている。ところが、わが国には、障害のある人の具体的権利を保障し、差別を禁止するとともに、差別や人権侵害からの実効力ある救済手続を定めた法律が存在しない。折から、本年8月31日、国際人権(社会権)規約委員会は、わが国に対して、障害のある人に対する差別を禁止する法律(以下「差別禁止法」という。)の制定を勧告した。

　わが国は、日本国憲法と国際人権法に定める諸権利を実質的かつ平等に実現するため、障害のある人や関係団体の意見を最大限尊重し、下記の内容を含む差別禁止法をすみやかに制定すべきである。

　また、差別を受けた障害のある人の権利救済のため、簡易・迅速な、専門性のある裁判外救済機関の機能を、政府から独立した人権機関などに担わせるべきである。

1.　障害のある人は、差別なくして採用され働く権利を有すること。
　　事業者は、障害のある人の労働の権利を実現するために、施設の改造・特別な訓練の実施・手話通訳者の配置など労働環境を整備する義務を負うこと。
2.　障害のある人は、統合された環境の中で、特別のニーズに基づいた教育を受け、教育の場を選択する権利を有すること。
　　国及び地方公共団体は、障害のある人の教育を受ける権利を実現するために必要な設備の設置、教員の増員などの条件整備を行う義務を負うこと。
3.　障害のある人は、地域で自立した生活を営む権利を有し、交通機関・情報・公共的施設などをバリア(障壁)なく利用する権利を有すること。
　　国や地方公共団体、事業者は、これらの権利を実現するために、交通機関や施設の改造・インターネットへのアクセス対策などの環境整備を行う義務を負うこと。
4.　障害のある人は、参政権の行使を実質的に保障され、手話通訳など司法手続における適正手続のために必要な援助を受ける権利を有すること。
　　国及び地方公共団体は、そのために必要な措置を講ずる義務を負うこと。

　当連合会は、障害のある人の完全な社会参加と差別のない社会を実現するために、差別禁止法の制定に向け全力を尽くす決意である。

　以上のとおり宣言する。

2001年(平成13年)11月9日
日本弁護士連合会

Disabled Women

障害をもつ女性

蛭川涼子 ●*Hirukawa Ryoko*

1.はじめに

　障害者は、いつ、どこで、その「問題」性に自ら気づくのだろうか。物心がついたときには「女」の性をもつ障害者(児)として生きていたが、「障害をもつ女性(少女)」の問題について、あまり敏感ではなかった。「優生保護法」の「優」の字も知らないで、4半世紀以上も生きていた。近頃になって、やっと障害をもつ女性にまつわるさまざまな問題を知りだしたばかりである。ゆえに、できるだけ「当事者として言えることは何か」を考えながら述べさせてはいただく。きちんと網羅されていないことと、偏った見方が多分にあることを、先にお伝えしておく。

2.第6回DPI世界会議　札幌大会「女性　障害者」分科会より

　昨年(2002年)10月、第6回DPI世界会議が札幌で開催され、3,000人もの国内外の障害当事者とその関係者が集まった。DPI(障害者インターナショナル)は、1981年に設立された、あらゆる障害をもつ人々の権利の向上を目的とした、草の根の障害当事者組織である。DPI日本会議は、日本のDPI国内会議(National Assembly)として1986年にDPIに加盟し、以来、国内と国外ではアジア地域でDPI運動を続けている。今回の大会ではホスト国として準備に携わった。

　この会議の中では、女性障害者をテーマとした分科会が2つ設けられていた。しかし、「障害をもつ女性にもっと目を向けるべきだ」といった意見は、女性障害者分科会のみならず他の分科会、とくに途上国の障害者の自立生活をテーマにした分科会等で、女性・男性双方から発言されていた。障害をもつ女性について挙げられる問題は、経済先進国・途上国にかかわらず共通のものとして、日本もまた例外でないものばかりだ。障害をもつ女性は、未だに、女性蔑視(軽視)を原因とするさまざまなかたちの差別の中で生きているということをあらためて感じさせられた。

　女性障害者分科会やDPI女性委員会の特別セッションでは、女性障害者への暴力・差別の実態、女性への教育や子育て支援の必要性、女性団体との連携等、スピーカーだけでなく、フロアか

らも次々と発言が出ていた。

　第6回DPI世界会議札幌大会の女性障害者分科会の発表の中から、とくに、障害をもつ女性たちに対して加えられる暴力に関しての問題をいくつか紹介してみたいと思う。

(1)インドの女性障害者

　インドのスルーティ・モハパトラさんは、もともと政府で働いていたが、事故に遭って車いすを利用し始めたことで職を失い、現在は障害をもつ女性と子どもたちのための団体を運営している。彼女はインドの状況を次のように述べた。

> 「途上国の女性は男性と比べて、一般的に悪い状況に置かれています。女性に対する文化的偏見は、男の子の方が常に待遇がよく、女の子は後回しにされ、栄養失調になる率が高いということにもはっきり現れています。こういうふうに文化的偏見が根強く、社会の資金や家庭の収入も少ない状況では、女子障害者の教育や女性障害者のリハビリにお金をかけるのは、割に合わない投資だと考えられているのです。このように女性障害者は隅に追いやられ、孤立し、軽んじられ、社会的に受け入れてもらえず、無視されているのです」。

　夕飯を食べさせると晩にトイレに行かせなくてはならないから、と夕飯を食べさせてもらえないという肢体不自由の女児や、キャンディを与えられると性的行為が始まると洗脳されてしまっている知的障害の女児や、障害をもつ男の兄弟はおぶって学校へ連れて行ってもらっているのに、自分は学校へ行かせてもらえず自力で足に傷を作りながら通っているという女児、職場の上司からセクハラを受け続けるために職を転々とする女性など、インドでの最近の実例を次々と挙げた。

(2)ケニアの女性障害者

　文化的に男性優位の地域における障害をもつ女性の境遇は、アフリカも同様である。ケニアの国会議員でもあるジョセフィン・シーニョさんは、「つねに男性が主導権を握っているアフリカ社会の中では、障害をもつ女性が、身体的暴力だけでなく、精神的・言葉の暴力にも怯え、抑圧的で、まわりから排除された生活を余儀なくされている」と訴える。その被害を誰にも話せないばかりか、女性障害者は暴力を受けたときに、それを意識せず、その多くを自然なことだと見過ごしてしまう傾向がある、と。あまりに日常的に起こっていることであり、そういうものだと思ってしまうのが障害をもつ女性の環境であるということである。

> 「私たちの伝統では新郎が持参金を用意します。相手が女性障害者だと持参金の額は少なくなります。女性障害者は価値がなく、役に立たず、力がないと思われているからです。ですからこういう婚姻関係を結ぶと、夫や親戚は女性を際限なく酷使し、搾取し、虐待します」。

　また、アフリカには、女性への暴力と

して女性の外性器を切り落とし、縫い合わせる割礼が現存するが、障害をもっている女性に対しては、子どもを産む必要がない、との判断からすべてを縫い合わせ、生理すらこないようにされてしまうこともあるという。

(3) ドイツの女性障害者

ドイツ自立生活センター協議会のマルチナ・プシュケさんは、国内の障害をもつ女性への性的暴力とそのケアの問題点を述べた。

「ドイツの障害者施設利用者の実に6割が性的暴力を受けたことがあるというデータがあります。性的暴力の加害者は、家族や家族の友人であることも多く、加害者に共通していることは、『恋人など一生できないだろう』という偏見なのです。

では、性的暴力の被害にあった障害を持つ女性には、どのような救済の道があるのでしょうか。女性運動が盛んであったドイツには、女性のための相談所も法律センターもたくさんあります。ですが、車いすを利用している女性が避難所を利用できるかと考えると、バリアフリーなものは国内に1ヵ所しかありません。また、知的障害の女性に対しては、職員の偏見がひどく、おそらく利用できないだろうと思われます。

障害を持つ女性たちが、精神安定を求めて女性のセラピストにかかろうとすれば、自分に合うセラピストを見つけることは困難でしょう。物理的なバリアがなかったり、言語障害を持つ女性の話を嫌がらずに聞いてくれたり、ろうの女性が手話で利用できるセラピストに関する情報は多くありません」。

ドイツでは、加害者を警察へ通報できた場合でも、差別は存在するそうである。障害をもつ女性へのレイプと障害をもたない女性へのレイプでは、障害をもつ女性へのレイプのほうが罪が軽い、という。なぜなら、女性障害者や慢性的な病気をもつ女性は、加害者に抵抗できないものとされ、加害者の犯罪エネルギーはほかと比べてより少ないものと考えられるのだそうだ。

先に述べたモハパトラさんは、障害をもつ女性への暴力は、「家庭内暴力」として、身体的虐待、食事を与えないこと、障害のある子とない子を差別すること、身内同士の敵対行為、家族による性的虐待などがあり、「公共の場での暴力」として、教育権の侵害、公共の交通機関での差別、政治的権利を行使する手段が確保されていないこと、また性的虐待や精神的虐待などがある、と分析もしていた。

こうしてみると、経済的・文化的な環境の違いはあっても、障害をもつ女性や少女が、さまざまなかたちで「暴力」を受けているという状況は、どの国でもあまり変わりはない。女性であるがゆえに、男性の後手にまわされ、障害があるゆえに、他の女性が受けているサービスと同等のサービスを受けられないばかりか、人間として過小評価されるということ。

さらに日常的な身体的、精神的暴力が、彼女たちのもの言う力をさらに奪い取るということ。

この悪循環が今でも現実に存在していることを、DPI世界会議女性障害者分科会の発表者たちが証明した。そして、同じ問題は、日本にも存在している。

3.日本における障害をもつ女性の抱える問題

障害をもつ女性の被差別性はどこも共通している、とはいえ、日本には日本の、障害をもつ女性が遭遇してきたさまざまな問題が存在する。これらすべてを網羅することはできないため、大きな問題のみになってしまうが、挙げてみたいと思う。

(1)暴力その1――子宮摘出・強制不妊手術・人工妊娠中絶

障害をもつ女性に多くの被害を与えてきた、そして現在も与えている問題として、優生思想に基づく強制的な不妊手術や人工妊娠中絶がある。社会の誤った思い込みから、女性としての生殖機能を奪い取られる羽目になった障害をもつ女性がいるのである。

優生思想の中に、いわゆる「障害(者)は排除すべきもの、遺伝されるべきではないもの」という思想が含まれる。またこれに付随するように「障害児を育てるのは大変な仕事(よって、障害をもつ胎児を中絶してもかまわない)」といった考えや「障害者には子育てはできない(よって、障害者は子どもを生むべきではない)」といった思い込みも含まれる。これらの思想は今も深く人の心に根づいており、また、日本だけでない万国共通の話のようである。

この「障害(者)は排除すべきもの、遺伝されるべきではないもの」という考え方と、「すべての障害者は性的な行為はできない(無性)」といった思い込みが絡まった結果、社会は障害者から「性的行動」を排除しようとした。そのために、障害者、とくに施設へ入所している障害者の多くが、強制もしくは誘導されて不妊手術を受けていたという(地域、国によっては、現在進行形であるかもしれない)。性行為による妊娠防止はもちろんのこと、常時介助を必要とする重度障害をもつ女性に対しては、生理介助の嫌悪から生理そのものをなくすために、当然の処置として行われていたそうである。その最も悲劇的な結末が、障害をもつ女性に対する子宮摘出手術である。正常な子宮を摘出するため、術後体調を崩す人が多く、精神的ダメージも深い。女性としての性を奪い取られるだけでなく、人としての権利をまったく侵害されている。

日本では、1996年まで、「不良な子孫の出生」を防止するため「妊婦自身またはその夫が、精神病・精神薄弱・精神病質・遺伝性身体疾患・または遺伝性奇形を有している場合」、「妊婦またはその夫の4親等以内(たとえばいとこが4親等)の血族が、先に述べた状態と同様にある場合」に中絶を認められていた。また、優生手術として、精神病者または知的障害者に対しては、都道府県優生保

護審査会の許可が出れば、保護者の同意によって、本人の同意なしに行うことができ、「遺伝性精神病、遺伝性精神薄弱、顕著な遺伝性精神病質、顕著な遺伝性身体疾患または強度な遺伝性奇形の者」に対しては、同審査会の審査を必要とするものの、本人の同意も保護者の同意も必要としない強制手術が認められていた1)。

というように「障害者に子どもを産む必要がない、産んではならない」とした社会一般の風潮が、精神障害、知的障害、重度身体障害をもつ女性に対して法律という国の後押しのもと体を傷つけ、公然と権利を侵害していた。1996年に母体保護法へ改正され、胎児条項は削除されている。1981年の国際障害者年から10年以上も経ってやっとである。しかし、改正前に手術をさせられた子宮摘出被害者に対しての補償、謝罪はされておらず、国によるハンセン病者への謝罪があったときにも触れられないままである。

また、話が多少ずれるかもしれないが、1つ触れておく。現在も妊娠の継続または分娩が身体的または経済的理由により母体の健康を著しく害する恐れのある場合、人工妊娠中絶が許可されることになっている。そのために、「障害児の育児は経済的・身体的・精神的負担が大きい」として障害児を中絶されることへの懸念から、女性に対して不信感を拭えずにいる障害者は多いのではないだろうか。かつて(70年代頃)、生殖における女性の自己決定権を主張する女性団体と(優生思想から行う)選択的中絶を断固反対(同時に胎児条項撤廃要求)する障害当事者団体が対立しそうになったと聞いた。障害をもつ女性たちはここで、抹殺されかねない存在の障害者であり、自らも子をもつ可能性をもつ女性として、議論の狭間に置かれていたようである。その後80年代になると、一部の女性団体と女性障害者団体が優生保護法の改正について議論を重ねた。議論内容の結末は別にして、この話し合いによって障害をもつ女性たちには、自分の「性」について意識を深めた人も多いのではないだろうか。自分たちは妊娠・出産できる「性」をもっているということや、その「性」をあまりに雑に扱われていたことなど、あらためて(もしくは初めて)考える機会になっていったのではないかと思える。

現在は中絶の胎児条項も優生手術の条項もなくなった。20年来の障害者の自立生活運動の成果もあり、施設を出て、地域で自立生活をする障害者が増えてくるとともに、子どもを妊娠し、出産する障害をもつ女性も増えている。今後も増え続けるだろう。しかし、障害者の妊娠・出産に対して、世の中が否定的であることには変わりがなく、障害をもつ女性たちは、出産に関して必要以上に神経質に慎重にならざるをえないようである。

自分(母親)に障害があるからという理由だけで人工妊娠中絶を勧められてしまう。本人が望んだ妊娠であるにもか

---

1) 石井美智子「リプロダクティブ・ヘルス/ライツ」ジュリスト1237号176頁。

かわらず、祝福されない。へたをすると、中絶を強制されかねない。最も信頼し、ともに喜んでもらいたいはずの家族に、真っ先に出産を反対されるという目に遭う。こういう経験をする障害をもつ女性は未だ多いのではないだろうか。

　障害をもつということを理由に、強制的に不妊させられたり、堕胎させられたりすることは決して許されるべきことではない。

(2) 障害をもつ母親と子育て支援

　また、子どもを自分の手元で育てる権利も障害を理由にして奪われるべきではない、と強く言いたい。

　子どもを妊娠し出産した後は、その子どもを育てる責任が誰にでもある。障害をもつからといってその責任を「免除」されるなど、障害をもつ私たちは望んでいない。「障害をもっているから子どもは育てられないだろう、そんな余裕はないだろう」という「配慮」はまさしく思い込みである。ただし、普段の生活において支援を受けている私たちには、子育てにおいても支援は必要である。

　しかし、現存する介助・生活支援サービスには、障害者が一人で生きている場合にのみ、保障されるようである。生きていれば、人間である以上子どもをもうける人も当然出てくると思うが、障害者が子どもを産み育てるという概念がないためか、障害者に対してのサービス制度の中に、子育ての支援はない。子どもを育てたいなら、障害をもたない人たちと同じだけ（障害の分だけどう考えても「同じ」ではないのだが）の努力をしなさい、という考えが見え隠れする。

　なかには、保育サービスをうまく使っている人も、特別な措置を講じてもらって育児をしている人もいるかもしれない。しかし、介助の項目に子育て支援が入ってこそ、「生活」を支えるサービスとなるのではないか。障害をもっていなくても育児は大変な仕事である。普段は介助等を利用する必要がない人なども、育児の間だけ、ホームヘルプサービスがあったりしてもよいだろうし、障害をもつ母親同士（もちろん父親も含めてのものが最善だと思うが）が情報を得る場があってもよいと思うが、そうした制度・サービスをもつ地域は少ない。

　障害者も子育てをする。早くこうしたイメージが定着すべきである。

(3) 暴力その2――セクハラ・性的虐待

　現在、自立生活センター等、障害当事者が運営する介助者派遣は、同性介助を原則としている。施設に入所していた時代のセクハラ経験や、障害者にもあるべきセクシュアリティを考慮した「当事者の意思」の現れでもある。

　これまで（今でも）施設などでは、「若い娘が若い男性職員に入浴介助されるなんて恥ずかしかろう」とは思いもせず、異性介助が平然と行われていた。そればかりか、身体に障害をもっている、もしくは知的障害をもっていることをいいことに、性的な暴行を加えられてきた。性的暴力は、障害をもつ男児・男性に対してもまったくないわけではないだろうが、圧倒的に少女・女性の被害者が多い。

　性的暴力を受けた被害者は、その体

験を内面化させ、忘れることも許すこともできず、身体だけでなく、精神をも蝕まれていくと聞く。他人への不信感は当然のこと、障害をもっていれば、その被害を障害のせいにしたくなるだろう。レイプの被害は、障害をもっていようといなかろうと変わらないだろうと思う。問題は、施設、家庭内という空間が、社会から隔離された閉鎖的な場所であるがゆえに外へ漏れにくく、発見や改善もされにくい、ということだろう。もしくは職場内という、公にすることで被害者が失うものが多いといった状況もあるかもしれない。

(4)「配偶者からの暴力防止及び被害者の保護に関する法律」と障害をもつ女性

ドメスティック・バイオレンス(DV)の被害者として、障害をもつ女性もまた例外ではない。障害をもつ女性の配偶者が障害をもっていようと、障害をもっていなかろうと、暴力はある。問題なのは、先述のドイツの例でも挙がっていたように、被害にあった女性への支援が、障害をもつ女性をも念頭に入れて整備されているのかという点である。

2001年に「配偶者からの暴力防止及び被害者の保護に関する法律」(以下、DV防止法と略す)が制定され、保護命令制度と配偶者暴力相談支援センター機能を規定した。しかしDV防止法のもと、相談や一時保護を担う婦人相談所や女性センターなどで、障害をもつ女性の受け入れ待遇がよいとはお世辞にも聞かない。

相談の窓口にいる女性センター職員、婦人相談員等は、相談した女性に言語障害があることで、相談を受け付けないことがある。一時保護を委託されている民間シェルター等では、身体障害をもつ女性は建物の物理的バリアのために利用できない。女性センターではどうかというと、障害をもたない女性のほうを優先する、ということが早くも出てきている。

これらは、DV被害に遭う女性のなかに、当然障害をもつ女性も含まれる、という認識がないからである。DV防止法に絡めても、被害者保護の職務関係者は、女性センター職員、婦人相談員、警察官、裁判官、家裁調停委員および調査官、弁護士、検察官、医療関係者、行政機関職員など、多種にわたる[2]。この人たち全員に、そして、社会一般にも、障害をもつ女性の存在を認識させていかなければ、本来保護されるべき場所で保護されないという事例はなくならない。

4.問題改善への糸口として求められているもの

(1)DPI女性委員会

DPIの女性委員会では、1985年の委員会設立以来、女性障害者へのエンパワメントに取り組んできた[3]。

---

2)戒能民江「ドメスティック・バイオレンス」ジュリスト1237号151頁。
3)ニノミヤ・アキイエ・ヘンリー『アジアの障害者と国際NGO』(明石書店、1999年)。

- DPI活動への女性の参加を促進する。
- 男性（父親・兄弟・配偶者）への経済的依存からの自立を支援する。
- 障害をもつ女性も家庭をもち、子どもを育てることができることを社会に啓蒙する。
- 結婚できて一人前だというような女性・理想の母親のイメージから脱却し、障害をもつ女性も母親も妻もすばらしいということを啓蒙する。

これらの課題を設け、1995年の北京女性会議、2000年の「北京＋5会議」等へも積極的に参加している。

また、DPIの情報収集機関として活動しているDisability Awareness in Action (DAA) から、障害をもつ女性の現状、戦略、行動課題をまとめ、彼女らのエンパワメントを促す冊子が出版されている[4]。

先述のDPI世界会議における女性障害者分科会の提言、および女性委員会の個別セッションでも、今後4年間のDPI女性委員会の行動計画がまとめられた。以下に、抜粋する。

- 私たちは、DPIが、多くは家族や地域の中に隠されている障害をもつ女性たちの複合的な問題を認識し、解決にあたること、とくに性教育、性的差別、性的虐待、出産と育児の分野では公に話される必要のあることを勧告する。
- 私たちは、DPIが、障害をもつ女性の課題が条約に含まれることを確保するために「女子に対するあらゆる形態の差別の撤廃に関する条約（CEDAW）」にあわせて活動することを優先するよう勧告する。
- 私たちは、障害をもつ女性を暴力から守るための―障害女性に対して差別しない法律を要求する。
- 私たちは、性的な問題と人権に対する教育を要求する。
- 私たちは、フェミニストのピア・カウンセリング・センターと女性障害者のための危機センターを要求する。
- 私たちは、障害をもつ少女・女性への教育――途上国の女性障害者のための、識字教育、経済的エンパワメントを促すプログラム、Eメールを含めたコンピューター操作、提言の書き方等を学ぶリーダーシップ・トレーニングを要求する。
- 私たちは、障害をもつ母親の育児支援、基本的な所得保障に関する法律制定、障害をもつ女性の就労支援を求めるロビー活動を要求する。
- 私たちは、障害をもつ母親のポジティブ・イメージの普及を要求する。
- 私たちは、DPIに女性団体と連携するよう要求する。
- 私たちは、障害をもつレズビアン女性を尊重するよう要求する。

(2)「教育」の実施と活用

先のDPI世界会議でも、女性障害者分科会の発言者の全員といってもいいくらいの人が、障害をもつ女性への教育

---

[4] *Disabled Women* (Disability Awareness in Action, 1997).

の必要性を訴えている。障害をもたない人(児童)、男性(児)と同等の教育の保障を求めていくべきである、と。基本的教育を受けることによって社会の矛盾点に気づく力もつく。

また、すでに性的暴力、精神的な暴力や言葉の暴力、人間としての過小評価といった差別・虐待が日常的に起こっている場合は、自分に権利があることを知らない、自分に何ができるかわからない、という障害をもつ女性が多くいる。そういった女性に対して、現状の差別性を気づかせ、徐々にエンパワメントしていく教育もやはり必要である。

第1次的な教育が、権利意識の向上だとすれば、次に必要なものは生きるための知識と技術、つまり、能力開発である。法律・制度を知る。職業訓練を受けて、収入につなげるための雇用の機会を得る。保健、リハビリテーション・サービスの利用、といった情報を得る。これらの制度、サービスがなければつくっていく方法を学ぶ。

また暴力、とくに性的暴力への対処法として、暴力を受けたときにはどう身を守るか、自分の意思で行う避妊と、強制的な避妊・中絶の違い、といったことに関する性教育も必要になる。

提言の書き方等のトレーニングも、女性障害者の問題に関する政策や決定に女性障害者が参加していくためには必要な教育といえるかもしれない。障害当事者組織内でも、男性障害者と平等な発言権を設け、女性自身がそうした機会をきちんと利用していかなければ、現状を変えることは難しいだろう。

こうした教育によって、障害をもつ女性にとって必要な支援を現実のものにし、また、障害をもつ女性の権利、働く権利、子どもを産み育てる権利のイメージをプラスに変えていき、理不尽な偏見と差別を覆すことへつながるのではないだろうか。

(3) 女性団体との連携

優生思想問題は、「妊娠が女性の体に課せられるゆえに、女性のほうが、より考えさせられる機会がある」ということがつねに深い問題を起こすのだろうと思える。先にも触れたが、日本で優生保護法の撤廃運動が起こったとき、当初女性団体と障害者団体は衝突した。その後、2次的な運動として、今度は女性団体とDPI女性障害者ネットワークなどの女性障害者グループがともに動き出した。海外では、優生思想、女性の産む権利について、女性団体と(女性)障害者団体が歩み寄る例は稀という。しかし、やはり、女性の権利を訴える団体には、女性の権利といえば障害をもつ女性の権利も含まれることを念頭に置きつつ活動を進めているところは少ないのではないだろうか。

「『女性』という時には、そこにはいろいろな条件を持った人がいるのだということを、私たち自身がもっともっと声を上げて訴えていかなければいけないのではないかと思います」。

これはDPI世界会議女性障害者分科会での平野みどりさん(熊本県議会議

員・DPI日本会議副議長）の発言だが、私はこの意見にもまったく賛成する。平野さん以外にも、こうした指摘をする女性は少なくない。声をあげていくべきという点では、2005年のDV防止法改正に向けて、障害をもつ女性は意見を言っていくことが必要なのだろうとも思う。

また、今回のDPI女性委員会の行動計画にもあるように、障害をもつレズビアンへの配慮も忘れてはならない。差別を訴えるグループ内における差別、男性障害者に対して「女性を差別するな」と訴えながら、レズビアンを差別する。本末転倒ではないだろうか5)。

(4)法律・制度へ女性の意見——女性リーダーの台頭を

さらに、平野さんはこう続けている。

「同時に、この国際会議の大きなテーマでもある国際的な障害者権利条約、また、国内的な障害者差別禁止法、障害者権利法といったものが、DV防止法や児童虐待防止法がぬかしてしまっている部分を補っていくものとしてつくられていかなければならないと思います。そのことによって、障害をもつ女性や子どもたちの権利が守られていく道筋をつけることが必要だと感じています」。

日本の障害当事者運動のなかには、平野さんをはじめとする障害をもつ女性議員も存在し、地域では障害をもつ女性のリーダーが少ないというわけではない。しかし、なぜか、人材に乏しいという印象が拭えない。

日本においても、ジェンダー・バランスという言葉が流行りだしている。しかし、委員会等における女性の「席」というのは、むりやり依頼して座らせてはいないだろうか。活動の中でも、たとえば行政交渉などに率先して参加するのは男性である。このバイタリティに負けじとついていく女性はまず珍しい。少なくとも日本会議のここ数年の活動は、このような感じである。なぜなのだろうか。

先述のDPI女性障害者ネットワークは、今のところDPI日本会議とは別団体として存在している。DPI世界会議で女性だけのDPI女性ネットワークができた流れを受け、日本でも、DPI日本会議の副議長を務めていた樋口恵子さんらが呼びかけ人となり、日本の障害をもつ女性を集めた。先にも述べた優生保護法撤廃運動を中心に活動をし、当初はDPI日本会議とも情報交換も含め密な関係を保っていたようである。その後優生保護法が改正されると、DPI女性障害者ネットワークの活動も下火になり、日本会議との距離も開いてしまった観がある。

しかし、今回挙げただけでもまだこれだけ障害をもつ女性に関する問題があ

---

5)障害を持つレズビアンへの差別の実態についての発言が、女性障害者分科会の中であった。セクシュアリティが原因の差別を問うなら、男性で障害を持つ同性愛者についても含まれると思うが、「女性問題」ということで、含まれなかった。ちなみに、DPIの中には、セクシュアリティについて議論する場は設けられてないということである。

る以上、障害をもつ女性たちは、まだまだ自らの声をきちんとあげていかなければならない。

　昨年10月まで、たくさんの日本国内の障害当事者リーダーや若い人に参加してもらい、国際的な視点や動向に触れる機会を得て、大いに触発されてほしい、と思いながら世界会議の準備を進めてきた。会議に参加した人たちのなかから今後活躍してくれる人材が育ってきたら、そのときこそ日本で開催した甲斐があったといえる気がする。

　障害をもつ女性も、もっと多くの人が、どんどん障害をもつ女性の問題を内外に向けて発信できるような力をつけていってほしいと思う。

5.最後に

　正直に述べると、障害をもつ女性の問題を挙げろといわれるとき、実はある種の抵抗感を覚える。障害をもつ女性の挙げる問題は、よくよく考えてみれば、女性問題や障害者問題全体で取り組むべき内容なのではないか？と感じてしまうからだ。女性のなかに、障害をもつ女性が含まれることを女性自身が認識していなかったり、障害をもつ女性が、健常女性に少なからず劣等感を抱いているという問題や、女性はサブポジションで支えるものといった意識が男女双方の障害者の中から抜けないといったことも少なからず関係しているのかもしれないが。

　また、よく女性障害者の問題として挙げられる、優生思想問題や子育て支援の問題についても、（障害をもつ）女性だけのものではないと思ってきた。男性であるあなたも考えるべきことでしょう、と。強制不妊手術や中絶は、現実として女性の体に最悪のかたちで影響している。とはいえ、ジェンダー的秩序が強いこの社会においては、女性側にばかり問題提起を押しつけられている気がしてならない。

※文章中の第6回DPI世界会議札幌大会女性障害者分科会における発言は、すべて、同会議報告書用の原稿から引用している。ちなみに、同報告書は、2003年6月に現代書館より発売予定。

An Opinion of Users and Survivors of Psychiatry

精神医療ユーザーの主張

山本深雪●*Yamamoto Miyuki*

　2001年12月、国連総会は、障害者の権利条約を検討する特別委員会を設置した。そのような動きのなかで、精神医療ユーザーの人はどのような主張をしているのか、大阪府精神保健福祉審議会（医療人権部会・生活人権部会）での報告を踏まえて、まだどういう問題があるのかについて述べたい。

1.国連の権利条約等

　国連障害者の権利条約に向けて、国際障害同盟（IDA）は一番に「障害者の権利条約の実現を確固たるものとする」と掲げている。IDAは、世界盲人連合、障害者インターナショナル、世界ろう連盟、世界盲ろう者連盟、国際育成会連盟、国際リハビリテーション協会、世界精神医療ユーザー・サバイバーネットワークの団体で構成し、世界に暮らす6億人以上の障害者を代表する会員組織から十分な意見を吸い上げ、国連に対して、障害者の人権を保護する条約を採択するよう強く勧告している。この内容の主な視点として「障害を、医学上の問題としてではなく、人間の多様性の一部としてとらえるべきである」とし、これから作る条約は、総合的な人権条約として、既存の規範を超え、障害の理解をこれまでの社会福祉・医療分野から、人権分野へと大きく転換させようとしている。

　歴史的に、精神障害者の権利に関する国連での決議等を見ると2つの文書が大きく存在している。ひとつは世界人権宣言であり、もうひとつは1991年国連総会で決議された「メンタルヘルスケア改善のための原則」である。その内容から権利の原点ともいえる箇所を抜粋すると、次のようになる。

世界人権宣言（1948年）
　第3条　すべて人は、生命、自由及び身体の安全に対する権利を有する。
　第4条　何人も、奴隷にされ、又は苦役に服することはない。奴隷制度及び奴隷売買は、いかなる形においても禁ずる。
　第5条　何人も拷問又は残虐な、非人道的な若しくは屈辱的取扱若しくは刑罰を受けることはない。
　第6条　すべての人は、いかなる場合においても、法の下において、人と

して認められる権利を有する。

第7条　すべての人は、法の下において平等であり、また、いかなる差別もなしに法の平等な保護を受ける権利を有する。すべての人は、この宣言に違反するいかなる差別に対しても、また、そのような差別をそそのかすいかなる行為に対しても、平等な保護を受ける権利を有する。

第12条　何人も、自己の私事、家族、家庭若しくは通信に対して、ほしいままに交渉され、又は名誉及び信用に対して攻撃を受けることはない。人はすべて、このような交渉又は攻撃に対して法の保護を受ける権利を有する。

日本で1984年に発覚した宇都宮病院での職員による2人の患者の暴行虐待殺人事件を受け、国連人権委員会で精神医療現場における患者の人権が議論されてきた。その結果、1991年12月国連総会において次の「原則」が採択されている。

精神疾患を有する者の保護及びメンタルヘルスケアの改善のための諸原則（抜粋）

1. すべての人は、可能な最善のメンタルヘルスケアを受ける権利を有する。
2. 精神疾患を有する者、又は精神疾患を有する者として処遇を受ける者はすべて、人道的に、かつ、生まれながらにして持つ人間としての尊厳を尊重されつつ処遇される。
3. 精神疾患を有する者、又は精神疾患を有する者として処遇を受ける者はすべて、経済的、性的、及びその他の形態の搾取、身体的又はその他の虐待並びに、品位を傷つける処遇から保護される権利を有する。
4. 精神疾患を理由とする差別はあってはならない。「差別」とは、権利の平等な享受を無効又は毀損する効果を持つあらゆる区別、排除、又は選別を意味する。精神疾患を有する者の権利の保護、又は改善の確保を専らその目的とする特別な手段は、差別的と見なされてはならない。この諸原則の規定に従って採用され、精神疾患を有する者やその他の者の人権を守るために必要とされる区別、排除、又は選別は、差別に含まれない。
5. 精神疾患を有する者はすべて、世界人権宣言、経済的・社会的及び文化的権利に関する国際規約、市民的及び政治的権利に関する国際規約、障害者の権利宣言、並びにあらゆる形態の抑留又は拘禁の下にあるすべての者を保護するための原則など、関連する文書に認められているあらゆる市民的、政治的、経済的、社会的及び文化的権利を行使する権利を有する。
6. 精神疾患のために法的能力を欠くという決定、及び法的能力を欠くために個人的代理人が指名されるという決定はすべて、国内法が規定する独立かつ公平な裁定機関(tribunal)による公正な聴聞を経てなされる。能力の有無が問題とされている者は、弁護人によって代理される権利を有す

る。能力の有無が問題とされている者が、自らそのような代理を確保できない場合は、その者にそれを支弁する資力が無い範囲において、無償で代理を利用することができる。当該弁護人は、裁定機関が利益の衝突がないと認めない限り、同一の手続きにおいて精神保健施設またはその職員を代理し、同一の手続きにおいて能力の有無が問題とされている者の家族を代理することはできない。能力の有無及び個人的代理人の必要性に関する決定は、国内法が定める合理的な間隔で再検討される。能力の有無が問題とされている者、個人的代理人が指名されている場合にはその代理人、及び他のすべての利害関係者は、この問題に関するいかなる決定に対しても上級裁判所に上訴する権利を有する。

7. 裁判所又は権限を有する他の裁定機関が、精神疾患を有する者が自己に関する諸事を管理する能力に欠くと判断する場合には、その者の状態に照らして必要かつ適切な範囲において、その者の利益の保護を保障する手段が講じられる。

この国連原則について、WNUSP（世界精神医療ユーザー・サバイバーネットワーク）のティナ・ミンコウィツは、国連特別委員会において、「医学モデルを中心としていること、および強制医療を認めていること」に対し憤り、廃止を意見表明している。「われわれは、差別的な根拠により押しつけられたものであるかぎり、監禁は決して正当化されないと確信する」、「治療という名目で強制的介入が正当化されてはならないと確信している。（中略）治療という名目による強制的介入は拷問の一形態と認識されるべきである。とりわけ、差別的に障害があるとレッテルを貼られた人々に押しつけられている」と。この背景には、精神医学が化学的拘束・脳外科手術等を実施している現実への批判と、強制入院によって受けた「傷」に対する多くの憤りが込められている。一方で、アジアにおいては、上記国連原則すら守られていない悲惨な無医療の実態が横たわっている。

以下、大阪府という地域の中で私たちが取り組んできた実践から具体的な意見を述べたい。

2.大阪府における精神治療ユーザーの権利を保障する動き

1993年2月、大和川病院の入院患者暴行死亡事件が報道された。「肺炎」で他の病院に転院して死亡した患者に骨折など暴行、虐待の跡があったということをマスコミが取り上げた事件である。その実態の調査や患者の保護のために接触しようとした人や組織に対し、病院側は入院中の患者の代理人になろうとする者との面会をも禁止するという措置をとり、このことが国会質問でも取り上げられた。同病院では60年代、70年代にも患者が死亡するという事件が起きており、結局1997年に廃院が決定され

ている。

　そのような事件が起きているなか、1997年4月11日、府知事は「大阪府障害保健福祉圏域における精神障害者の生活支援施策の方向とシステムづくりについて」大阪府精神保健福祉審議会に諮問を決定し、同審議会の生活・人権部会は1997年12月26日に中間答申を、1999年3月に最終答申を行った。その中の、社会的入院解消事業、ピア・ヘルパー(ホームヘルパーとして精神障害者自身が友人的立場で仕事として入る仕組み)の育成導入、公的保証人制度を設け、家を賃借する際に使えるようにするなどの提案について、府知事は検討することを約束している。また、翌年8月には、同審議会の医療人権部会が「精神病院内における人権尊重を基本とした適正な医療提供と処遇の向上について」、知事へ意見具申を行っている。

　一方、そうしたなかで、98年3月、大阪精神障害者連絡会、大阪弁護士会、NPO大阪精神医療人権センター、地域で福祉的支援活動に取り組む者から4人の委員を、大阪府精神保健福祉審議会に参加させることの必要性を行政側がようやく認めた。大阪府の審議会は、地方自治体のこの種の機関で精神医療ユーザーの当事者が参加する数少ない例となっている。

　その審議会は2000年5月、精神治療を受けるため入院する人の人権を保障するために、以下のような10カ条の「入院中の精神障害者の権利に関する宣言」を採択した。

　「入院中の精神障害者は適切な治療を受け、安心して治療に専念することができるよう、次の権利を有しています。

　これらの権利が、精神障害者本人および医療従事職員、家族をはじめすべての人々に十分に理解され、それが保障されることこそ、精神障害者の人権を尊重した安心してかかれる医療を実現していく上で、欠かせない重要なことであることをここに明らかにします。

1. 常にどういうときでも、個人として、その人格を尊重される権利

　暴力や虐待、無視、放置など非人間的な対応を受けない権利

2. 自分が受ける治療について、分かりやすい説明を理解できるまで受ける権利

　自分が受けている治療について知る権利

3. 一人ひとりの状態に応じた適切な治療及び対応を受ける権利

　不適切な治療及び対応を拒む権利

4. 退院して地域での生活に戻っていくことを見据えた治療計画が立てられ、それに基づく治療や福祉サービスを受ける権利

5. 自分の治療計画を立てる過程に参加し、自分の意思を表明し、自己決定できるようにサポート(援助)を受ける権利

　また、自分の意見を述べやすいように周りの雰囲気、対応が保障される権利

6. 公平で差別されない治療及び対

応を受ける権利

　必要な補助者"通訳、点字等"をつけて説明を受ける権利

7.できる限り開放的な、明るい、清潔な、落ち着ける環境で治療を受けることができる権利

8.自分の衣類等の私物を、自分の身の回りに安心して保管しておける権利

9.通信・面会を自由に行える権利

10.退院請求を行う権利及び治療・対応に対する不服申立をする権利

　これらの権利を行使できるようサポート(援助)を受ける権利

　これらの請求に申立をしたことによって不利に扱われない権利」。

　また、精神医療ユーザーの権利保護を支援する体制作りとして、2001年2月、大阪府精神障害者権利擁護連絡協議会(連絡協議会)が発足した。この連絡協議会は、大阪精神科病院協会、大阪府保健所長会、大阪精神障害者連絡会、大阪弁護士会高齢者・障害者総合支援センター、大阪府精神障害者家族会連合会、大阪府社会福祉協議会大阪後見支援センター、大阪精神科診療所協会、日本精神科看護技術協会大阪支部、大阪精神保健福祉士協会、NPO大阪精神医療人権センターの10団体から構成され、事務局は府立こころの健康総合センターに置いている。協議会の目的は、精神障害者の人権の尊重を基本とした医療の提供、処遇の向上、自立と社会復帰の支援が、迅速に行われるために意見交換を行うことなどである。

　さらに、2001年5月には、大阪府精神障害者権利擁護検討委員会を設置し、「精神病院内における人権尊重を基本とした適正な医療の提供と処遇の向上」の具体化に向けた検討作業が開始された。その報告書は翌年、大阪府精神保健福祉審議会において、正式確認された。

　現在、連絡協議会は「精神医療オンブズマン」制度を作ることに取り組んでいる。2003年にはその運営要綱が正式に決定し、制度の概要や年間計画について確認したところである。

3.第三者による権利擁護の活動の拡がり

　精神科病棟は、障害者自身が声をあげにくい環境に置かれている。医師の意見が絶対視され、症状や障害を理由としてかき消されてしまうことの多い利用者の声をキャッチする支援者が、外部から必要に応じて訪問し、在室し、面談していくことが要請されている。NPO大阪精神医療人権センターは、各病院から行政への自己申告に基づく情報公開データや病院から返答されたアンケート、さらに見たこと、聞いたこと、感じたことも含む訪問記を『扉よひらけ・大阪精神病院事情ありのまま』という冊子で公表する取組みを1999年発行の第1版から続けてきた。

　また、普段どおりの病棟を知るために、「ぶらり訪問」を繰り返しできる病院との関係を現在まで続けている。入浴時の職員の配置や食後のトイレ使用が満足に安心してできているか、服薬のあり方

が一列に並ばせた強制服薬となっていないか、職員と患者の関係が威圧に満ちた冷たい関係になっていないかなど、現場に行かないとわからない実情に触れることが必要である。そして、ほかにも患者がゆっくりできる場所が確保されているか、患者の使役(トイレ掃除、入浴介助、死体搬送、厨房手伝い等)がないか、公衆電話が自由に使える環境か、一律でない外出ができているか等をチェックし、問題のある病院へは立入り調査を求めてきた。

そのなかで2001年8月8日、大阪府は箕面が丘病院に対し、医療法25条1項に基づく無通告立入り検査と、精神保健福祉法38条6項に基づく無通告の実地指導を行った。そして、入院患者35人と大半のスタッフから聴取り調査を行った結果、身体拘束や通信・面会の自由の制限、使役、医療従事者不足、虚偽報告、病院設備の清潔保持の不備、入院を必要としない患者の多数の存在などが明らかになった。その後、診療報酬不正請求が明らかとなり、2002年2月1日、箕面が丘病院は、保険医療機関の指定取消しに至った。

私たちが望むことは、強圧的で威嚇的でない適正な医療の提供、ひとりひとりの患者の退院計画に沿った丁寧な説明と疑問への対応、できるだけ不自由でない処遇(サービス)、将来の退院後の暮らしに向けたサポートのある療養環境である。世界人権宣言や国連決議にあるような、人として、治療と呼ぶにふさわしい関係のなかで癒されることを求めているのである。

普段から保健所職員が病棟に患者訪問を行っていれば防ぐことができた人権侵害事例も多数ある。看護職が病棟の現状に慣れきってしまわないための研修や意識啓発の時間も作り出されている。今度予定されているオンブズマン制度は、普段から病棟に関わりをもっていこうとする市民の取組みである。

オンブズマンの研修や実際の活動、報告のコーディネイトは、NPO大阪精神医療人権センターに委託された。事前に対象医療機関に連絡をし、閉鎖病棟の療養環境を視察するとともに、入院患者の苦情や要望など聴取りを行う。医療機関に入院患者の意向を(匿名も含め)伝え、療養環境の改善などについて意見を述べる(NPO大阪精神医療人権センター http://www.psy-jinken-osaka.org/)。オンブズマンの3分の1は精神科ユーザー、3分の1は家族・友人、3分の1は市民で構成される。個別の病院だけでは解決できない課題は、地域の精神障害者生活支援センターや行政に意見提起する。

4.残されている課題

以上のような問題は、大阪府だけにとどまるものではない。また入院の問題以外にも課題は数多く残り、その多くは精神治療ユーザーだけにとどまらず、障害をもつ人一般にも当てはまるものである。

①経済的な後進国において、精神医療に地域(人口7万人単位)に密着した救急医療、合併症治療の場、地域医療

の場が確保されていないこと。夜間や身体的・精神的につらい折、利用できるソフトな救急システムを完備した市民病院の確保が望まれる。

②知的障害、重度の言語障害、他国の言語を使う人、手話通訳の必要な人のコミュニケーションがきちんと保障されていないこと。診療場面において本人が発言しにくい折にとくにサポートが要請される。

③肉体的、社会的に立場の弱い女性に対する配慮が徹底していないこと。

④ひとりひとりにあった、社会での暮らし方があることが認知されていないこと。一般人と同様の就労だけが「よい規範」として無理強いされ、再発を余儀なくされる文化風土が、障害者を排除する構造であるとの認識が不足している。ひとりひとりの生き甲斐は、芸術、短時間労働、自宅でのITを使用した社会参加等さまざまな形態で存在する。

⑤地域で暮らす障害者の利害が行政に反映されていないこと。各市町村において、障害者に何が必要か、意見提起していく委員会を設置し、そこでの障害者と行政の関係を築くこと、そしてその検討結果を予算に反映することが基本的に大事な必須事項である。

以上の課題の検討の際には、次のような項目が考慮されるべきである。

まず、基本的な人権への配慮として、サービス提供の理念や基本が明示され、それらが事業計画等に具体化されているか、利用者の希望や意見が施設運営に反映されているか、利用者の意見を取り入れた人権委員会が地域の第三者も交えて動いているか、市民として基本的な権利行使への配慮と支援がなされているかなどがある。具体的には、たとえば、地域で自立生活を希望する人が孤立せずに暮らせるよう、、保証人となる人を探し、物件(住む場)を一緒に探し、昼間の居場所を探す、地域の各種窓口が示されているかなどである。

また、居室だけでなくデータに関するプライバシーの保護や、入院患者の人権擁護のために、病院内に処遇改善や退院の申立を受け、検討する人権委員会があるか、体罰や虐待(拘束、暴言、暴力、無視、放置など)の人権侵害の防止策や対応方法があるかどうか、患者の主体性を尊重しているかなどの点も挙げられる。

また、利用者に応じた個別支援プログラムが適切に策定、実施されているかどうかという項目もある。その中には、入院治療を必要としない神経症圏の方が閉じこもった暮らしのなかで地域から孤立し、怯えている場合、いろいろな機会や情報を提供しているか(ホームヘルパーの利用を含む)、必要に応じて、地域生活への個別移動計画が策定されているか(家族等のもとから通所していた利用者が単身生活等を希望する場合を含む)、あるいは退所後に必要な支援(情報提供や体験確保等)をしているかなど、地域生活への移行や退所後の支援も重要な事項である。関連して、一般就労に向けた支援、余暇・リクリエーションも挙げられる。

施設内の利用者については、さらに外出が利用者の希望に応じて行われてい

るか、外泊が利用者の希望に応じるように配慮されているか、外泊先がない人のため、地域に空き室を確保する予算が組まれているかなど外出先の確保に関する項目、所得金・預かり金の管理が適切かどうかなども含まれる。

施設に居住している人の生活環境の整備も当然であるが、施設と地域との連携も重要である。施設の地域との交流、あるいは利用者の地域への参加、地域への情報提供などができているかどうかなどの点が挙げられる。また、地域との連携の側面として、ボランティアや実習生の受入れや育成に積極的かどうか、地域の他の機関との連携が適切に行われているかどうかなども検討すべきである。

さらに、障害者一般に共通する課題として、社会的、文化的権利に関するものをいくつか挙げてみよう。これまで長い間、障害者の経済的、社会的、文化的権利を認める努力は、慈善と福祉のモデルに基づくものであった。今後は、これらの権利は、障害者本人のエンパワメントの基礎として明らかにする必要がある。

教育についてみると、思春期の独特のこころの揺れについて誰もが受けられる教育環境が整えられる必要がある。必要な性教育や精神症状に関する基礎的知識を得る機会が当たり前に保障されるべきである。

働く権利についても、ほとんどの障害者は労働人口から排除されている。隔離された職場に追いやられることが多く、職業選択の自由、公正で適切な労働環境への権利等は否定されている。さらに、ほとんどの障害者は十分な職業訓練を受けられる機会がない。

精神障害者のもつ生活上の障害（片づけられない、etc）がゆえに、地域生活から排斥される事態が起こっている。その生活上の障害を奇異なものとして笑いものにするテレビ番組が放映され、上記の地域の差別的対応と相乗効果を生み出している。一方で、地域の作業所や生活支援センターの取組みが取り上げられることは稀である。マスメディアが世間に及ぼす影響は大きい。安易に人格を傷つけ、根深い差別感情がくすぶる番組作りには抗議をし、精神症状や障害をもつ人々が安心して暮らせる町作りを、メディアも巻き込みながら行っていく必要がある。

5.最後に

今、取組みが進んでいる障害者の権利条約が地域の営みに根づいていくためには、各地の障害をもつ人たちが集える草の根ネットワークの成立が不可欠である。現状では、精神障害者がまだ地域で発言していく主体として認められていない地域や発信できにくい地域が多くある。

専門家のなすべきこと、障害者本人のネットワークが力を発揮すべきことの区別を互いが踏まえ、地域での普通の暮らしができるよう、その灯となる権利条約の策定作業が進んでいくことを願っている。

第Ⅱ部

Part2 Development of Human Rights Activities in the Asia-Pacific Region
アジア・太平洋地域の人権の動向

●国連の動向とアジア・太平洋地域の人権

Human Rights Activities by UN in 2001

2002年の国連の動き

　2002年5月、国連の暫定統治下にあった東ティモールが独立国となり、9月の第57回国連総会で加盟が承認され、国連の一員となった。同じく、スイスも国連加盟を果たし、総加盟国数は191カ国になった。また、暫定政権下のアフガニスタンも6月に緊急ロヤ・ジルガを開催し、カルザイ暫定政権議長を大統領とする移行政権が成立した。

　一方、7月には国際刑事裁判所規程が発効し、2003年3月には選出された裁判官の就任式が行われた。裁判所は集団殺害、人道に対する罪、戦争犯罪、侵略を国際犯罪として裁くことになる。

　また、人権の分野では、ブラジル出身のセルジオ・ヴィエイラ・デメロ氏が2002年9月から第3代目の人権高等弁務官に就任した。

1.人権委員会

　アメリカが初めてメンバーから外れた第58会期人権委員会は、50年以上のその歴史上最大の危機を迎えた。会期開始直後に届いた国連本部からの通達により6時以降会合が開けなくなり、その結果、発言時間が大幅に削られただけでなく、さらに会期後半には2つから最大5つの議題項目が一緒にされ、それぞれの議題項目グループのもとで1回の短い発言が許されるのみとなり、メンバー政府の間でさえ遺憾の意を表する声が多く聞かれた。この「危機」は現在、来年の人権委員会会期までの間に政府間で非公式に協議され、解決の道が検討されている。

　委員会の議論は悪化する中東問題に集中。限られた時間のなかで特別会合も開催された。2001年9月11日に起こった同時多発テロは、当該問題をより複雑にさせ、実際、「テロ」という言葉が、多様な状況において、あらゆる政府によって自らの立場の正当性を主張するために使用されたことは、人権NGOにとって大きな脅威でもある。

　ダーバンで開かれた「反人種主義・差別撤廃世界会議」のフォローアップとして、人権委員会は(a)ダーバン宣言および行動計画の効果的な実施のための勧告作成等を任務とする政府間作業部会設置、(b)アフリカ系の人々に関する専門家作業部会設置、(c)(b)の作業部会への参加者、人種差別撤廃委員会（CERD）の活動、反差別ユニットの活動、などを支援するための自発基金の設立、を決定。しかし(a)の作業部会はダーバン行動計画にも言及されておらず、かつ宣言ならびに行動計画の実施状況を監視するために召集されている「5名の著名人」との関係が不明確。さらに当該作業部会はその任務に、人種差別に対する国際文書を強化、新しいものにするための

補足的国際基準を準備することがあり、その意図も明らかにされていない。

また注目されたのは、人種差別に関する特別報告者および女性に対する暴力に関する特別報告者双方の報告書に部落問題が盛り込まれたこと。前者はNGOからの部落差別に関する情報への日本政府の回答、ならびにこれらのやりとりへの報告者のコメントが収められている。これに対し反差別国際運動(IMADR)は、部落差別は人種差別撤廃条約の対象であり、よって当該特別報告者の調査対象に入るということを明確にしたうえで、2002年3月末の特別措置の終了を受けて、1993年以降実施されていない全国実態調査を早急に実施し、部落差別の真の撤廃に向けた政策を明らかにすることを日本政府に要求した。

IMADRがロビーイングに大きく関わったマイノリティの権利の擁護のための国連機関の強化に関しては、紛争防止を主な目的とする事務総長特別代表設置に向けた一歩として、委員会は、既存の特別報告者、条約機関およびマイノリティ作業部会がこの分野でどの程度機能しているかを示すことになる報告書を高等弁務官に依頼している。また、IMADRやヒューライツ大阪が関わった人権教育に関しては、「十年」の後を見越した「十年」のフォローアップに関する報告書が人権高等弁務官により作成されることになっている。

新しい人権基準の設定に関しても進展が見られ、人権委員会は「拷問等禁止条約選択議定書」を投票により採択。この議定書により、拷問等の防止を目的に、独立した国際および国内機関により自由を失われた人々がいるとされている場所を定期的に訪問するシステムが設置されることになる。また、人権委員会は健康への権利に関する特別報告者も新たに設置している。

他方、特定の国に関しては後退がみられた。ジンバブエに関する決議案は採決にかけないという動議が通り廃案。チェチェン、イランに関する決議案は否決された。キューバに関しては決議案を採決にかけないとする動議が中国から出されたが否決され、投票により僅差で採択された。赤道ギニアに関する決議案は大差で可決されたが、特別報告者の任務を終了させ、来年以降は技術援助に関する議題項目のもとで当該国の状況は議論されることになった。中国に関する決議案の提出は今回は見送られている。

さらに、現在日本国内で注目されている国内人権機関に関し、当該問題に関する決議に日本が共同提案者として参加したことが目を引いた。

*「国際連合」部落解放・人権研究所編『人権年鑑2002』(部落解放・人権研究所、2003年)より転載(田中敦子／反差別国際運動(IMADR)ジュネーブ事務所国連代表)

2.人権促進保護小委員会(人権小委員会)

人権小委員会は国連の経済社会理事会の主要な下部機関で26人の専門家によって構成され、人権の保護と促進のための研究と人権委員会への提案が任務である。毎年1度会合をもつが、こ

の際、政府および経済社会理事会との協議資格をもつNGOがオブザーバーとして参加でき、また発言の機会をもつ。

第54会期人権小委員会(以下、人権小委と表記)は2002年8月16日に3週間の濃縮された会期を大きな拍手とともに閉会した。それぞれ約100余りの政府とNGOがオブザーバー参加した。活発な26人の委員の議論、NGOの意見表明、政府の政治的なコメントまたは達成事項の紹介を議題ごとに繰り返しながら、最終的には31の決議と18の決定が採択された。いくつかの点について報告する。

(1) 門地 (Descent) 差別

この問題は、インドのカースト制度や日本の部落差別など全世界に同種の問題があることを背景に取り上げられてきている。今回、委員からの2回目の「職業と門地に基づく差別」に関するレポートが提出されなかった。担当のグネセケレ委員(スリランカ)が再選されなかったためである。今会期では、アイデ委員(ノルウェー)と横田委員(日本)が2003年の人権委でレポートを提出することが無投票で決定された(2002/108)。否定的と思われたソブラジェ委員(インド)も注意深く進めるべきと言いながらも決議案の共同提案者になった。

この問題について特筆すべきことは、日本の国際NGOのIMADRをはじめ多くのNGOの活動と、今回並行して開かれていた人種差別撤廃委員会(条約機関。以下、撤廃委と表記)との連携である。NGOは、人権小委では複数のNGOによる共同声明やロビーイング、撤廃委のテーマ別議論での重要な証言・意見表明など活躍した。撤廃委の議長と書記が人権小委に招かれ議論の報告をしたり、撤廃委のテーマ別議論にも4人の人権小委の委員が参加し発言したりするなど、効果的な連携が図られている。

(2) 組織的なレイプ、性的奴隷制等

1992年以来続いて討議されているこの問題は、今回の決議も日本の従軍慰安婦問題に関連していると考える余地は残されていると思われるが、微妙な問題になりつつある。横田委員は2000年以来の「特定国決議」が人権小委でできなくなったことを強調し、日本に対する直接的な決議を人権小委が行ったような誤解を生む報道がなされていると会期中に遺憾の意を表した。今回の決議(2002/29)は、人権高等弁務官に報告書の提出を求め、武力紛争時の性犯罪の処罰の確保や人権教育、歴史的記述の正確さ等について言及している。

日本政府としては、民間のアジア女性基金による事業以降、従軍慰安婦問題は終わったと見ている、または人権小委の決議と日本問題との切り離し政策をとっているように感じられる。なお、日本政府は、アジア女性基金事業などについて過去には報告したが、今回は全会期にわたって出席はしていたものの発言することはなかった。これに対し、アジア女性基金に批判的な複数のNGOが、意見表明や各国政府・委員へのブリーフィングなど多くの働きかけをしながら日本問題への関心の継続を働きか

けた。

決議案(E/CN.4/Sub.2/2002/L.41)は韓国の朴委員が提案者の中心となり、横田委員を含め19人が共同提案者となって無投票で採択された。とくに注意を引くのは、その決議案と決議の大きな変化である。決議案は朴委員を含め14名の委員が共同提案者となっていたが、その前文の日本問題を多く取り扱った文書への言及は削除されたほか、「教科書」という日本を想起される言葉は削除されるなど、簡素なものになった。

(3) 難民の国際的保護

難民の国際的保護に関する決議案は、採択時において少々例外的に委員間で論争が見られた。決議案は朴委員が提出したもの(E/CN.4/Sub.2/2002/L.19)に対し、ハンプソン委員(英国)が大幅に修正した案を(2002/L.45)提出した。この修正案の「送還により迫害される明白なおそれがある場合、その領域にその人を送還してはならないという国家の義務を想起する」というノン・ルフールマン原則に関する段落について、チェン委員(中国)が、一般慣習国際法の原則的な文脈を条約上のより制限的な義務へと変える意図と思われるが、「ひと」を「難民」(難民条約上の難民)に変える修正案を提出した。このチェン委員の修正案は投票により否決され、ハンプソン案が無投票で採択された(2002/23)。北朝鮮からの亡命者の事件も背景にしてか、白熱した議論が委員の間でなされた。

(4) 社会フォーラム

1997年から人権小委で検討されてきた社会フォーラムが、初めて開催された。NGO準備会合も開かれた。社会フォーラムは人権小委の直前の開催が予定されていたが、経済社会理事会の決定が遅れたため(米、日、豪は開催に反対の行動をとった)開始が遅れ、人権小委の会期にずれこんだ。10人の人権小委の専門委員、NGO、政府代表(主に発展途上国)、世界銀行などの国連機関が全体で80名ほど集まり、グローバリゼーションと人権、とくに貧困の削減と食物への権利などをテーマに話し合った。

社会フォーラムは、今までの国連機関にない参加者——経社理と協議資格をもつNGO、最も不利な立場にある南の草の根のグループ、若者のグループ、労働組合、研究者、政府代表、国連機関、国際機関、人権小委専門委員が集まり、主に社会権の問題について具体的で建設的な議論の場として、今までにないまったく新しい場として意義がある。この開催とその成果について、ロビンソン人権高等弁務官(当時)をはじめ多くの専門委員が一致して賞賛した。ベンゴア委員(社会フォーラムの議長・報告者)が社会フォーラムの報告書をまとめ(E/CN.4/Sub.2/2002/18)、NGOの意見も多く取り入れた報告書の見解と勧告は人権小委の決議2002/12で認められた。来期は、より多くの南からのグループをはじめさまざまなレベルの参加を期待し、グローバリゼーションと農村の貧困の関係、農民の権利などについて話し合う。

(5) 多国籍企業に関する行動規範

多国籍企業の行動規範に関する会期中、作業部会の議長・報告者のギセ委員（セネガル）が第4回作業部会の報告をした(E/CN.4/Sub.2/2002/13)。多国籍企業の行動について、任意規則では十分でなく、なんらかの法的枠組みが必要であると委員らの意見は一致していた。ワイスブロット委員（米国）が、多国籍企業その他の民間企業の行動規範の大枠（前述の報告書のAnnex、E/CN.4/Sub.2/2002/WG.1/WP.1、E/CN.4/Sub.2/2002/WG.1/WP.1/Addを参照）を準備した。この中で企業がとるべき行為を"Shall"（すべき）という最も強い表現を使っている。来期にはこの具体的な基準について、医薬品や特許についても含め検討される。

(6) 先住民族

人権小委の開催前に、第20回先住民族作業部会が開かれた。この作業部会は、人権小委の委員、先住民族のグループの代表、政府代表、NGO、国連機関が集まり、今回の参加者は1,000人を超え、人権分野では最も規模の大きいフォーラムである。ただ、先住民族に関する常設フォーラムや、特別報告者の設置、そして、2003年には経済社会理事会で先住民族に関する組織の見直しがなされるということで、先住民族のグループや、また人権小委の委員も作業部会の存続のため多くの努力をした。

先住民族作業部会では、作業部会の位置づけと将来、先住民族と発展の権利、常設フォーラム・特別報告者との協力関係などが議論された。作業部会は、来期は先住民族とグローバリゼーションをテーマに議論される。

人権小委では先住民族に関連して5つの決議と決定がなされた。作業部会の報告書(E/CN.4/Sub.2/2002/24)のとくに見解と勧告が歓迎されたほか、強く作業部会の存続が訴えられた。作業部会の常設フォーラムや特別報告者と異なる機能が強調され、これらと作業部会の連携についての作業文書も求められた。先住民族作業部会の議長・報告者が常設フォーラムに出席し、作業部会の報告書を報告することも求められた。

このほか、先住民族の天然資源に対する恒久主権の作業文書(E/CN.4/Sub.2/2002/23)をダエス氏が報告し、その権利の根拠と必要性を主張した。それに対し、「主権」という用語を使うのは問題ではないかという意見が数人の委員からあった。決議では(2002/15)、この報告が歓迎され、彼女が特別報告者として来期の人権小委で予備的報告を、その次の会期で最終報告を提出することが求められた。

（野上典江／青山学院大学大学院博士課程）

3.女性の地位委員会

女性の地位委員会は、経済社会理事会の下に設置された機能委員会のひとつである。第46会期女性の地位委員会は、2002年3月4日から15日まで国連本部（ニューヨーク）にて開催された。国連では、財政および機構改革により、

夜・夜中そして週末のセッションを開かないこととなり、3月から実施することになった。女性の地位委員会は、このルールが適用される最初の委員会となった。これを受け、最終日の本会議も採択の途中で通訳およびマイク施設の利用が中断されたため公式会合の継続が困難となり、15日は時間切れで中断。3月25日午前に再開し、閉会となった。

(1) 採択された決議案および決議など

今会期では、親組織である経済社会理事会が採択すべき決議案として、「パレスチナ女性の状況と支援」(決議案1)、「アフガンの女性および女児の状況」(決議案2)、「テーマ別問題に関する女性の地位委員会の合意結論」(決議案3)が採択された。パレスチナ女性に関する決議案の採択は投票に付され、賛成38(日本を含む)、反対1(アメリカ合衆国)で採択された。

アメリカ合衆国代表は、反対の立場を説明した。「自国は女性と子どもを含むパレスチナおよびイスラエルの両国が被っている苦しみについて深く懸念しており、政治的対話を奨励することに努力している」とし、「当該決議案は、エルサレムへの言及を含め多くの問題を扱っているが、これらは両当事国間ですでに合意されたものであるため、自国はこれらの交渉の結果を害することを望んでいない」からであるとした。

アフガン女性に関する決議案は15日の公式会議では採択に至らず、25日に再開の会議で合意採択となった。同決議案では、アフガン暫定政権および将来の移行政権に対して、国際人権法に従った女性と女児の平等な人権および基本的自由を十分に尊重すること、および女性差別撤廃条約の批准問題と選択議定書の署名の検討に高い優先度を与えることが求められた。また、移行政権には女性と女児を差別するすべての立法およびその他の措置を廃止すること、国のすべてのレベルで市民的、文化的、経済的、政治的および社会的生活における女性と女児の完全かつ平等で効果的な参加を可能とすること、教育に対する女性と女児の平等な権利を確保することなども求められた。

経済社会理事会が採択すべき決定案として、「女性の地位委員会の選挙方法の改訂」(決定案1)、「女性の地位に関する通報：通報手続」(決定案2)、「46会期女性の地位委員会の報告書および47会期の議題」(決定案3)が採択された。

経済社会理事会に注意を喚起する事項として、「武力紛争下の女性と子どもの人質・監禁からの解放」(決議46/1)、「女性・女児とHIV/AIDS」(決議46/2)、「国連システムにおけるすべての政策と計画へのジェンダーの視点の主流化」(決議46/3)、「女性の地位委員会の作業方法」(決定46/101)、「女性の地位に関する通報」(決定46/102)、「議題項目3(女性の地位に関する通報)および4(北京会議および2000年女性会議のフォローアップ)の下で女性の地位委員会によって検討された文書」(決定46/103)が採択された。

ただし、決定46/102については、当

該決定の基礎となった女性の地位に関する通報作業部会の報告書を女性の地位委員会の報告書に含めることについては、議長団および先進国と一部途上国の間で意見の対立があった。最終的に、委員会は作業部会報告書を女性の地位委員会の報告書に含めるという議長裁定を支持することとなったが、これは、25日再開の会議において議長裁定案に対する「異議申立」がマレーシア代表から出され、この「異議申立」が、賛成10、反対25、棄権1で否決されたことによって、自動的に議長裁定案が採択されたものである。マレーシア代表をはじめマレーシアの意見に賛成投票を投じた10カ国のうち8カ国（マレーシア、中国、キューバ、インドネシア、イラン、パキスタン、韓国、スーダン）が、通報作業部会報告書(E/CN.6/2002/CRP.6)を支持しない旨の声明を女性の地位委員会の報告書に含ませた(E/2002/27 Annex III)。

最後に、25日再開の会議において、経済社会理事会決議および決定のフォローアップ（議題5）に関して、女性の地位委員会議長が、「保健および教育分野を含む人的資源開発の開発プロセスへの貢献」に関する事務局ノート(E/CN.6/2002/CRP.3)に対して経済社会理事会の注意を喚起する権限を認めた。

(2) 女性の地位に関する通報手続をめぐる対立

ここでは、議長団および先進国と一部途上国との対立が激しかった女性の地位に関する通報手続について若干説明する。

女性の地位に関する通報手続は、一連の経済社会理事会決議(76(V)1947年採択、304I(XI)1950年採択、1983/27、1992/19)に従って作られ、女性の地位に関する非公開および公開の通報を検討することが女性の地位委員会（以下、「委員会」とする）の任務となっている。

通報は、まず委員会の5人の委員で構成される作業部会によって検討され、次いで作業部会が各会期に委員会に報告をする。委員会による作業部会報告書の検討の後、委員会が経済社会理事会に対して「現在明らかになりつつある通報の傾向とパターン」に関して理事会がとることを望む措置について勧告を行う。委員会は他のいかなる措置もとる権限はない。

委員会の通報手続の下で、通報は、女性の人権侵害における傾向とパターンがどのようなものかを明らかにするための情報源および一般的な勧告と政策決定の基礎としてのみ検討される。委員会は、通報の対象となった国の状況に焦点を当てることも調査を行うことも、また他の国を特定した措置をとることもできない。一方、人権委員会の1503手続は深刻な人権侵害があると思われる国の状況を明らかにし、状況改善のための措置をとるためにこれらの状況を検討することに焦点が置かれている。

このような状況の下で、通報手続についてのより効果的な改革がめざされてきたが、手続の改革によって、1503手続のような国連憲章に基づく国連諸機関が

もつ通報手続や人権条約が備える通報手続との重複が生じるのではないかとの懸念が一部途上国から表明されている(E/CN.6/2002/12)。実際、委員会の通報作業部会は、事務局である女性の地位向上部が直接受理した通報に加えて、人権高等弁務官事務所(人権委員会の事務局を担当)が受理した、女性の地位に関する通報も検討していることを報告書の中で明らかにしている。

マレーシアをはじめとして「異議申立」を行った国々は、人権高等弁務官事務所から移送された通報は、のちに1503手続の下で検討されるものであり、通報作業部会によって検討されるべきではないとの立場をとっている。1503手続に基づく通報の委員会への移送については、2000年以来長い議論が続いており、結論に達していないことを強調している。

また、作業部会の機能は経済社会理事会決議1983/27、パラグラフ4(a)および(b)に規定されているように、信頼性のある立証された不正と女性に対する差別的慣行の一貫したパターンを明らかに示す通報に委員会の注意を向けるためにすべての通報と政府からの回答を検討することであり、委員会に最も頻繁になされた通報のカテゴリーを示す報告書を用意することであるが、今回の作業部会報告書では、作業部会が任務の遂行を怠っていると批判した。

(3)テーマ別問題に関する女性の地位委員会の合意結論

テーマ別問題は、「グローバル化する世界において女性の全ライフサイクルにおける女性のエンパワメントを通した貧困の撲滅」と「環境管理と自然災害の軽減:ジェンダーの視点から」の2つであり、それぞれパネル・ディスカッションが開かれ、それを基礎に合意結論が作成、採択された。

①貧困撲滅

女性の地位委員会は、女性のエンパワメントは、女性が戦略的選択を行う能力を獲得して、自らの人生をコントロールするための過程であり、貧困の撲滅には男女平等と女性のエンパワメントが重要であること、グローバリゼーションによって一部の女性はより大きな経済的機会や自立を得たが、その他の多くの女性は、国内および国家間の不平等が深刻化したために、かえって疎外されていったことなどを確認し、各国政府をはじめ国連諸機関などに対してとるべき措置を勧告した。

②環境管理

女性の地位委員会は、環境の悪化と災害は、女性に対してより直接的な影響が及ぶ場合が多いこと、災害防止、復興のための戦略策定および実施にジェンダーの視点を盛り込むことの必要性、災害防止・復興および自然資源の管理おける女性の重要な役割などを確認し、各国政府をはじめ国連諸機関等に対してとるべき措置を勧告した。

各合意結論の仮訳は、内閣府男女共同参画局のホームページにて参照することができる(http://www.gender.go.jp、「国際的動向」をクリック)。

※46会期の報告書(E/2002/27)およびプレスリリー

ス(速報)など関連文書は、http://www.un.org/womenwatch のquick links に表示のあるCSWをクリックし、46th sessionをクリックすれば入手できる。ただし、日本語表示はない。

(米田眞澄／京都文教大学非常勤講師)

4.難民高等弁務官事務所（UNHCR）

(1) 世界的な難民の動向

2002年のUNHCRの支援対象者数は2000万人を切り、1980万人となった。8年前の1994年には2700万人以上であったことと比べると相当な減少であることがわかる。その原因としては、アフガニスタン、スリランカ、シエラレオネ等、多くの国で自主的帰還が始められたことが挙げられる。ルード・ルベルス高等弁務官は、この傾向は当面続くであろうとしている。

しかし、アムネスティ・インターナショナルは7月25日に「アフガニスタン：難民保護は継続すべき」と題するニュースリリースを発表し（ASA11/015/2002）、帰還民の受入れ態勢が十分でなく、国内の治安が未だに憂慮されるべきものであることを考慮すると、現時点においては、UNHCRと各国はアフガニスタン難民の帰還を推奨するべきではないとした。また、ヒューマンライツ・ウォッチも、7月23日に同趣旨のニュースリリースを発表した。

(2) グローバル・コンサルテーションの終了と新たな課題への取組み

2002年5月22〜24日、「難民保護」に基づく解決策の追求、女性と子どもの保護についての会合をもって1年半以上にわたって続けられた世界的な難民条約再活性化への取組み、グローバル・コンサルテーションは終了することとなった。

「難民保護」に基づく解決策の追求においては、自主的帰還、再定住、庇護国への定住の3つの分野についてジュネーブの国連欧州本部にて話合いがなされた。いずれの分野においても懸念が示されたのは、アフリカの各地において解決が非常に長引いている難民への対応で、この分野におけるUNHCRのイニシアチブが期待されることとなった。また、すべての分野においてキーワードとして「責任の分担」が持ち出され、「国連拠出金に応じた難民の受入れをすべき」との発言も見られた。

女性と子どもの保護については、キャンプにおける安全確保がひとつのトピックとなり、難民支援に携わる関係者の説明責任、透明性を確保するということが確認された。性を理由とした迫害についてはUNHCRが新しくガイドラインを発表したところであり、この分野における国際人権法・国際人道法の発展を確認し、難民法のジェンダーに配慮した適用について確認がなされることとなった。

それぞれの会合で話し合われた課題は、「難民保護への課題（agenda for protection）」として39個が列挙され、2002年10月に開かれた締約国委員会（EXCOM）にて推進していくことが確認された。今後、同課題は政府および人道機関において難民支援を行うための指針として活用されていくことが期待さ

れている。また、51年の難民条約が及ばない領域でも、同条約に従った措置を強化する「コンベンション・プラス」と呼ばれるプロセスが進められている。

UNHCRとしては、グローバル・コンサルテーションの成果を前向きに評価しており、保護部・政策および法律助言チーム長のウォルカー・ターク氏は、「最初はこのプロセスが失敗するだろうと否定的な考えを口にする人が非常に多かったなかで現状を維持することができたのは、地味であるが奇跡ではないか」と語っている。

ルード・ルベルス高等弁務官は、グローバル・コンサルテーションのプロセスにおいて3つの主要な課題が繰り返されたとしている。1つめは、過去にない規模で人が移動する状況においてよりよい難民保護が求められていること。2つめは、移動を強いられた世界の人々への恒久的な解決をより積極的に探っていく必要があること。最後に、資金提供国と避難した難民を最初に受け入れる豊かではない国との間でより公平な「責任の分担」のためのシステムが必要であることである。

(3) 締約国委員会（EXCOM）における結論

また、2002年9月に行われた締約国委員会（EXCOM）において、難民申請者の受入れについての結論No.93（LIII）が採択され、「適用可能な国際人権法と受入れ政策の発展と実施の基準の重要性」を認め、「難民申請者は必要な場合に適切な政府機関やNGOにアクセスし、プライバシーを尊重されながら、食糧、衣服、住居、医療を含む基本的ニーズを満たされるべきである」とされた。難民申請者の経済的・社会的権利の重要性が日本も含む各国政府の代表によって認められたことは、非常に意義が大きいといえる。

(4) 初の統計資料の発表

UNHCRとしては発足以来初めてとなる年次統計報告書を発表した。同報告書には10年間の難民に関する統計がまとめられており、今後の討議等で活用されていくことが期待されている。主な内容は以下のとおりである。

- 10年間の難民のうち86％が発展途上国から発生しているが、避難先も発展途上国である割合が72％である。これは先進国がより積極的に難民保護についての責任を果たす必要があるということを示している。
- 2001年はイギリスが約92,000人と、先進国のなかで最も多くの難民申請を受けている。
- 難民受入れ数と各国の人口で比較すると、スイスが最も多くの難民を受け入れている。日本に関しては人口比で150カ国中125位、GDPの比較では136位である。

難民条約、議定書の両方もしくはいずれかの締約国としては、新たに3カ国（セイントクリストファー・ネビス、モルドバ、ウクライナ）が加わり、144カ国となった。

（石川えり／NPO法人難民支援協会専門調査員）

5.条約委員会

　主要6条約の締約国による履行を監視するために、それぞれ条約委員会が設置されている。2003～2004年のそれら委員会の会合予定は表1、2003年4月現在のアジア・太平洋地域の各国の条約の批准状況は表2のとおり。各条約委員会は、その条約に関する見解や締約国の義務についての解釈を、一般的意見として採択している。

（岡田仁子）

表1●2003～2004年の条約委員会の検討仮日程（2003年6月1日現在）

委員会	会期	期間	審議される国（予定）
社会権規約委員会	第30会期	2003.5.5-2003.5.23	ブラジル(1)、イスラエル(2)、ルクセンブルク(3)、**ニュージーランド(2)**、アイスランド(3)
	第31会期	2003.11.10-2003.11.28	モルドバ(1)、イエメン(1)、ロシア(4)、グアテマラ(2)、**北朝鮮(2)**
	第32会期	2004.5	リトアニア(1)、ギリシア(1)、クウェート(1)、スペイン(4)、エクアドル(3)
自由権規約委員会	第77会期	2003.3.17-2003.4.4	エストニア(2)、ルクセンブルク(3)、マリ(2)
	第78会期	2003.7.14-2003.8.8	イスラエル(2)、エルサルバドル(3)、ポルトガル(3)、ロシア(5)、スロバキア(2)
	第79会期	2003.10.20-2003.11.7	コロンビア(5)、**フィリピン(2)**、**スリランカ(4)**、、赤道ギニア(*)、ラトビア(2)
人種差別撤廃委員会	第62会期	2003.3.3-2003.3.21	コート・ジボワール(5-16)、エクアドル(13-16)、**フィジー(6-15)**、ガーナ(16-17)、モロッコ(14-16)、**パプアニューギニア(*)**、ポーランド(14-16)、ロシア(15-17)、スロベニア(5)、チュニジア(12-14)、サウジアラビア(13-17)、ウガンダ(2-10)
	第63会期	2003.8.4-2003.8.22	アルバニア(1-4)、バハマ(*)、ボリビア(14-16)、ボスニア・ヘルツェゴビナ(*)、カボベルデ(3-12)、チェコ(5)、フィンランド(16-17)、イラン(16)、ラトビア(4-5)、**ラオス(*)**、マラウィ(*)、ノルウェー(16)、**韓国**(16)、セントビンセント・グレナディーン(11-12)、スリナム(*)、**タジキスタン(*)**、英国(16-17)、ザンビア(*)
子どもの権利委員会	第33会期	2003.5.19-2003.6.6	エリトリア(1)、**カザフスタン(1)**、ザンビア(1)、ジャマイカ(2)、リビア(2)、シリア(2)、モロッコ(2)、キプロス(2)、**スリランカ(2)**、**ソロモン諸島(1)**
	第34会期	2003.9.15-2003.10.3	**ブルネイ(1)**、サンマリノ(1)、**シンガポール(1)**、**パキスタン(2)**、マダガスカル(2)、**ニュージーランド(2)**、カナダ(2)、**バングラデシュ(2)**、グルジア(2)
	第35会期	2004.1	ガイアナ(1)、**パプアニューギニア(1)**、ドイツ(2)、スロベニア(2)、**日本(2)**、**インド(2)**、**インドネシア(2)**、アルメニア(2)、オランダ(2)
	第36会期	2004.5	**ミャンマー(2)**、リベリア(1)、ドミニカ(1)、サントメ・プリンシペ(1)、エルサルバドル(2)、フランス(2)、ルワンダ(2)、パナマ(2)、**北朝鮮(2)**
女性差別撤廃委員会	第28会期	2003.1.13-2003.1.31	アルバニア(1-2)、カナダ(5)、コンゴ共和国(1-5)、エルサルバドル(3-4,5)、ケニア(3-4)、ルクセンブルク(4)、ノルウェー(5,6)、スイス(1-2)
	第29会期	2003.6.30-2003.7.18	コスタリカ(1-3,4)、エクアドル(4-5)、フランス(3-4,5)、**日本(4,5)**、モロッコ(2)、スロベニア(2,3)、**ニュージーランド(5)**、ブラジル(1-5)
	第30会期	2004.1	ベラルーシ(4-6)、**ブータン(1-3)**、エチオピア(4-5)、ドイツ(5)、クウェート(1-2)、**キルギス(2)**、**ネパール(2-3)**、ナイジェリア(4-5)
拷問禁止委員会	第30会期	2003.4.28-2003.5.16	アゼルバイジャン(2)、ベルギー(1)、アイスランド(2)、モルドバ(1)、スロベニア(2)、トルコ(2)、**カンボジア(1)**
	第31会期	2003.11.13-2003.11.24	コロンビア(3)、ラトビア(1)、カメルーン(3)、リトアニア(1)、モロッコ(3)、イエメン(1)
	第32会期	2004.5.3-2004.5.21	ブルガリア(3)、チリ(3)、クロアチア(1)、チェコ(3)、ドイツ(5)、モナコ(3)、**ニュージーランド(3)**

注1●国連人権高等弁務官事務所のホームページより（2003年6月1日）。審議済みを含む。
注2●審議される（予定）国の太字はアジア・太平洋地域。
注3●審議される国の後の（ ）内は対象となる報告、(*)は報告書なしの審議。

表2●アジア・太平洋地域各国の人権条約批准状況

条約名	採択時期	世界194カ国中の締約国数	アジア・太平洋地域内（43カ国）の締約国数	東アジア 韓国	東アジア 北朝鮮	東アジア 中国*2	東アジア 日本	東アジア モンゴル	東南アジア インドネシア	東南アジア カンボジア	東南アジア シンガポール	東南アジア タイ	東南アジア フィリピン	東南アジア ブルネイ
社会権規約	66/12	146	21	90/4	81/9	01/3	79/6	74/11		92/5		99/9	74/6	
自由権規約	66/12	149	19	90/4a	81/9*1	s	79/6	74/11		92/5		96/10	86/10a	
第一選択議定書	66/12	104	11	90/4				91/4					89/8	
第二選択議定書	89/12	49	4											
人種差別撤廃条約	65/12	166	28	78/12		81/12	95/12	69/8	99/6	83/11		03/1	67/9	
アパルトヘイト禁止条約	73/11	101	14			83/4		75/8		81/7			78/1	
アパルトヘイト・スポーツ禁止条約	85/12	58	5			s		87/12	93/7				87/7	
ジェノサイド条約	48/12	133	26	50/10	89/1	83/4		67/1		50/10		95/8	50/7	
戦争犯罪時効不適用条約	68/11	45	7		84/11			69/5					73/5	
子どもの権利条約	89/11	191	42	91/11	90/9	92/3	94/4	90/7	90/9	92/10	95/10	92/3	90/8	95/12
子どもの権利条約選択議定書（武力紛争）	00/5	52	6	s	s	s	s	s	s	s		s	s	
子どもの権利条約選択議定書（人身売買など）	00/5	50	9	s		02/12	s	s	s	02/5			s	
女性差別撤廃条約	79/12	173	36	84/12	01/2	80/11	85/6	81/7	84/9	92/10	95/10	85/8	81/8	
女性差別撤廃条約選択議定書	99/10	51	9				02/3	s		s		00/6	s	
女性の参政権条約	52/12	115	22	59/6			55/7	65/8	58/12			54/11	57/9	
既婚女性の国籍条約	57/01	70	8								66/3			
結婚最低年齢に関する条約	62/11	49	7					91/6					65/1	
拷問等禁止条約	84/12	132	18	95/1		88/10	99/6	02/1	98/10	92/10			86/6	
拷問等禁止条約選択議定書	02/12													
改正奴隷条約※	53/12	95	16					68/12					55/7	
奴隷制廃止補足条約	56/09	119	18					68/12		57/6	72/3		64/11	
人身売買禁止条約	49/12	74	12	62/2			58/5				66/10		52/9	
無国籍者削減に関する条約	61/08	26	2											
無国籍者の地位に関する条約	54/09	54	4	62/8									s	
難民条約	51/07	141	16	92/12		82/9	81/10			92/10			81/7	
難民議定書	67/01	139	16	92/12		82/9	82/1			92/10			81/7	
移住労働者権利条約	90/12	21	3										95/7	
合計				13	6	10	10	16	6	12	6	6	19	1

*1 97年8月、北朝鮮は国連事務総長に対し規約の破棄を通告したが、同規約には破棄条項が設けられていないため、事務総長はすべての締約国の同意が得られないかぎり、そのような破棄は不可能だという見解を出している。
*2 香港とマカオを含む。
※ 奴隷条約、奴隷条約改定議定書、改正奴隷条約は、実質的に同じものとみなした。批准（加入）の時期は国連事務総長に批准書もしくは加入書が寄託された年月による。

		東南アジア					南アジア							ウズベキスタン	カザフスタン
		ベトナム	マレーシア	ミャンマー(ビルマ)	ラオス	東ティモール	アフガニスタン	インド	スリランカ	ネパール	パキスタン	バングラデシュ	ブータン	モルディブ		
社会権規約		82/9			s		83/1	79/4	80/6	91/5		98/10			95/9	
自由権規約		82/9			s		83/1	79/4	80/6a	91/5					95/9	
第一選択議定書									97/10	91/5					95/9	
第二選択議定書										98/3						
人種差別撤廃条約		82/6			74/2		83/7	68/12	82/2	71/1	66/9	79/5	s	84/4	95/9	98/8
アパルトヘイト禁止条約		81/6			81/10		83/7	77/9	82/2	77/7	86/2	85/2		84/4		
アパルトヘイト・スポーツ禁止条約			s					90/9		89/3				s		
ジェノサイド条約		81/6	94/12	56/3	50/12		56/3	59/8	50/10	69/1	57/10	98/10		84/4	99/9	98/8
戦争犯罪時効不適用条約		83/5			84/12		83/7	71/1								
子どもの権利条約		90/2	95/2	91/7	91/5		94/3	92/12	91/7	90/9	90/11	90/8	90/8	91/2	94/6	94/8
子どもの権利条約選択議定書(武力紛争)		01/12				03/1		00/9	s	s		00/9		s		s
子どもの権利条約選択議定書(人身売買など)		01/12				03/1	02/9		s	s	s	00/9		02/5		01/8
女性差別撤廃条約		82/2	95/7	97/7	81/8	03/4	03/3	93/7	81/10	91/4	96/3	84/11	81/8	83/7	95/7	98/8
女性差別撤廃条約選択議定書						03/4				02/10	s					01/8
女性の参政権条約				s	69/1		66/11	61/11		66/4	54/12	98/10			97/9	00/3
既婚女性の国籍条約			59/2						58/5	58/10	s					00/3
結婚最低年齢に関する条約									s			98/10				
拷問等禁止条約							87/4	s		94/1	91/5	98/10			95/9	98/8
拷問等禁止条約選択議定書																
改正奴隷条約※				57/4			54/8	54/3	58/3	63/1	55/9	85/1				
奴隷制廃止補足条約			57/11		57/9		66/11	60/6	58/3	63/1	58/3	85/2				
人身売買禁止条約				s	78/4		85/5	53/1	58/4		52/7	85/1				
無国籍者削減に関する条約																
無国籍者の地位に関する条約																
難民条約															99/1	
難民議定書															99/1	
移住労働者権利条約									96/3			s				
合計		10	5	4	9	4	14	13	16	14	9	16	2	6	9	11

a：自由権規約41条に基づく、人権侵害に対する他国による申立の審査についての規約人権委員会の権限の受諾
b：人種差別撤廃条約14条に基づく、人権侵害に対する個人による申立の審査についての人種差別撤廃委員会の権限の受諾
c：拷問等禁止条約22条に基づく、個人による申立の審査についての拷問禁止委員会の権限の受諾
s：署名のみ

中央アジア			太平洋												
キルギス	タジキスタン	トルクメニスタン	オーストラリア	キリバス	サモア	ソロモン諸島	ツバル	トンガ	ナウル	ニュージーランド	バヌアツ	パプアニューギニア	パラオ	フィジー	マーシャル	ミクロネシア
94/10	99/1	97/5	75/12		82/3					78/12						
94/10	99/1	97/5	80/8a						s	78/12a						
95/10	99/1	97/5	91/9						s	89/5						
		00/1	90/10							90/2						
97/9	95/1	94/9	75/9b		82/3		72/2	s		72/11		82/1		73/1		
97/9																
97/9			49/7				72/2			78/12		82/1		73/1		
94/10	93/10	93/9	90/12	95/12	94/11	95/4	95/9	95/11	94/7	93/4	93/7	93/3	95/8	93/8	93/10	93/5
	02/8		s					s		01/11						s
	02/8		s					s	s							s
97/2	93/10	97/5	83/7		92/9	02/6	99/10			85/1	95/9	95/1		95/8		
02/7	s				02/6					00/9						
97/2	99/6	99/10	74/12		81/9					68/5		82/1		72/6		
97/2			61/3							58/12				72/6		
97/2				64/8						64/6				71/7		
97/9	95/1	99/6	89/8c					s		89/12c						
97/9		97/5	53/12		81/9					53/12		82/1		72/6		
97/9		97/5	58/1		81/9					62/4				72/6		
97/9	01/10															
			73/12	83/11												
			73/12	83/11										72/6		
96/10	93/12	98/3	54/1		88/9	95/2	86/3			60/6		86/7		72/6		
96/10	93/12	98/3	73/12		94/11	95/4	86/3			73/8		86/7		72/6		
	02/1															
18	14	13	17	3	5	10	4	3	1	18	2	8	1	12	1	1

2003年4月28日国連人権高等弁務官事務所ホームページ(http://www.unhchr.ch/)および国連難民高等弁務官事務所ホームページ(http://www.unhcr.ch/)参照。

●国連の動向とアジア・太平洋地域の人権

Reporting Status of Asia-Pacific Countries by the Treaty Bodies in 2002

条約委員会による2002年のアジア・太平洋地域国別人権状況審査

1.条約委員会の概要

　主要人権条約には締約国の履行を監視するために、それぞれ委員会が設置されている。手続など詳細は異なるが、いずれの委員会も、締約国がそれぞれの条約を実施するためにとった措置、条約の権利の実現状況などについて提出する報告を審査する。報告審査は、通常政府代表に対する「建設的対話」に向けた質疑応答を中心として行われる。審査には国連専門機関、NGOが参加を認められることもある。審査後、委員会は総括所見を採択し、当該国に送付するとともに内容を公表する。

　また、条約により、個人通報制度を設けている条約について、その条約の委員会が通報を受理、非公開で検討後その見解を採択、それを公表し、関係国に送付する。

(1)社会権規約委員会

　経済的、社会的及び文化的権利に関する国際規約(社会権規約：ICESCR)の履行監視は当初、経済社会理事会の会期内作業部会が行っていたが、報告制度の活性化を図るため、1985年同理事会決議1985/17により、18名の個人資格の専門家で構成する社会権規約委員会が設置され、1987年より活動を開始した(ここに挙げる委員会のなかで唯一条約に根拠をもたない機関である)。

　規約16条に基づく報告は、発効後2年以内に、2回目以降は5年ごとに提出することになっている。報告審査は通常年2回、各3週間の会期で行われる。

(2)自由権規約委員会

　市民的及び政治的権利に関する国際規約(自由権規約：ICCPR)28条により設置。18名の個人資格の専門家から構成される。

　締約国は、規約40条1項により条約発効後1年以内に報告を提出する義務を課されている。1981年以来、1回目の報告後、5年ごとに報告を提出するものとされている。通常年3会期、各3週間開かれている。

　報告が期日を過ぎても提出されない締約国について、いくつかの委員会でもすでに報告なしで審議を行っているが、本委員会は一般的意見でそのような場合の手続を決め、また総括所見の実施について追跡するために特別報告者を設置す

ることを決めた(一般的意見30参照)。

(3)人種差別撤廃委員会
あらゆる形態の人種差別撤廃に関する国際条約(人種差別撤廃条約：CERD)8条により設置。18名の個人資格の専門家から構成される。

条約9条は報告の提出について、条約発効後1年以内に、その後は2年ごとに、かつ委員会が要請するときにはいつでも国連事務総長に提出すると定めるが、現在では包括的報告書を4年ごとに、その中間年に追加報告書を提出することになっている。14条に基づく個人通報、11条に基づく国家通報も当該委員会が受理する。通常年2会期開かれている。

(4)子どもの権利委員会
子どもの権利条約(CRC)43条により設置。当初10名の個人専門家から構成されていたが、2002年11月の改正により、18名に増員される。

締約国は、条約44条1項により、条約発効後2年以内に第1報告、その後は5年ごとに報告書を提出する。また委員会は追加情報の提出を要請できる(同条4項)。現在、年3会期、各3週間開かれている。

(5)女性差別撤廃委員会
女性に対するあらゆる形態の差別の撤廃に関する条約(女性差別撤廃条約：CEDAW)17条により設置、23名の個人専門家から構成される。

締約国は、条約発効後1年以内に第1報告、その後少なくとも4年ごと、および委員が求めるときに報告書を提出することになっている(18条)。約20条は、同委員会が2週間を越えない範囲で会合をもつことを規定しているが、締約国数が多く報告書を十分に検討できないため、委員会は20条の改正を求めており、現在は暫定的に年2会期が開かれている(一般的意見22)。

個人通報と当該国訪問を含む調査を規定した選択議定書が2000年12月に発効している。

(6)拷問禁止委員会
拷問及び他の残虐な、非人道的な又は品位を傷つける取扱い又は刑罰に関する条約(拷問等禁止条約：CAT)17条により設置、10名の個人専門家から構成される。

締約国は、条約発効後1年以内に第1報告書を提出、その後は4年ごとに新しくとった措置に関する追加報告および委員会が要請する他の報告を提出することになっている(19条1項)。条約20条では委員会による調査制度が規定されている。現在、年2会期開かれている。

2002年国連総会57会期で、現地査察などを規定する選択議定書が採択された。

2.国別の審査・報告書提出状況

《東アジア》
韓国(未批准：なし)
(1)ICESCR(90年7月10日発効)　第3

回報告の期限は06年6月30日。
（2）ICCPR、第1選択議定書（いずれも90年7月10日発効）　第3回報告の期限は03年10月31日。
（3）CERD（79年1月4日発効）　第11回報告、第12回報告（期限：02年1月4日）は未提出。
（4）CRC（91年12月20日発効）　第3回報告の期限は03年12月19日。
（5）CEDAW（85年1月26日発効）　第5回報告（期限：02年1月26日）は未提出。
（6）CAT（95年2月8日発効）　第2回報告（期限：00年2月7日）は未提出。

朝鮮民主主義人民共和国（未批准：ICCPR第1選択議定書、CERD、CAT）

（1）ICESCR（81年12月14日発効）　第2回報告（E/1990/6/Add.35）は02年5月15日に提出され、第31会期（03年11月）に審査予定。
（2）ICCPR（81年12月14日発効）　第3回報告の期限は04年1月1日。
（3）CRC（90年10月21日発効）　第2回報告（CRC/C/65/Add.24）は02年5月16日に提出され、第35会期（04年1月）に審査予定。
（4）CEDAW（01年3月29日発効）　第1回報告（CEDAW/C/PRK/1）は02年3月27日に提出済み。

中国（未批准：ICCPR〔98年10月5日に署名済み〕、ICCPR第1選択議定書）

（1）ICESCR（01年6月27日発効）　第1回報告（期限：02年6月30日）は未提出。
（2）CERD（82年1月28日発効）　第10回報告、第11回報告（期限：03年1月28日）は未提出。
（3）CRC（92年4月1日発効）　第2回報告（期限：99年3月31日）は未提出。
（4）CEDAW（81年9月3日発効）　第5回報告、第6回報告（期限：02年6月3日）は未提出。
（5）CAT（88年11月3日発効）　第4回報告（期限：01年11月2日）は未提出。

日本（未批准：ICCPR第1選択議定書）

（1）ICESCR（79年9月21日発効）　第3回報告の期限は06年6月30日。
（2）ICCPR（79年9月21日発効）　第5回報告（期限：02年10月31日）は未提出。
（3）CERD（96年1月14日発効）　第3回報告、第4回報告（期限：03年1月14日）は未提出。
（4）CRC（94年5月22日発効）　第2回報告（CRC/C/104/Add.2）は01年11月15日に提出され、第35会期（04年1月）に審査予定。
（5）CEDAW（85年7月25日発効）　第4回報告（CEDAW/C/JPN/4）は98年7月24日、第5回報告は02年9月13日にそれぞれ提出され、第27会期（03年7月）に審査予定。
（6）CAT（99年7月29日発効）　第1回報告（期限：00年7月29日）は未提出。

モンゴル（未批准：CAT）

（1）ICESCR（76年1月3日発効）　第4回報告の期限は03年6月30日。
（2）ICCPR（76年3月23日発効）、第1

選択議定書(91年7月16日発効) 第5回報告(期限:03年3月31日)は未提出。
(3)CERD(69年9月5日発効) 第16回報告、第17回報告(期限:00年9月5日)は未提出。
(4)CRC(90年9月2日発効) 第2回報告(期限:97年9月1日)は未提出。
(5)CEDAW(81年9月3日発効) 第5回報告、第6回報告(期限:02年9月3日)は未提出。
(6)CAT(02年2月23日発効) 第1回報告(期限:03年2月23日)は未提出。

〈参考〉香港(中国)
(1)ICESCR 中国による第2回報告の期限は04年6月30日。
(2)ICCPR 中国による第2回報告の期限は03年10月31日。

〈参考〉マカオ(中国)
(1)ICCPR 中国による第1回報告(期限:01年10月31日)は未提出。

《東南アジア》
インドネシア(未批准:ICESCR、ICCPR、ICCPR第1選択議定書)
(1)CERD(99年7月25日発効) 第1回報告、第2回報告(期限:02年7月25日)は未提出。
(2)CRC(90年10月5日発効) 第2回報告(CRC/C/65/Add.23)は02年2月5日に提出され、第35会期(04年1月)に審査予定。
(3)CEDAW(84年10月13日発効) 第4回報告、第5回報告(期限:01年10月13日)は未提出。
(4)CAT(98年11月27日発効) 第2回報告の期限は03年11月27日。

カンボジア(未批准:ICCPR第1選択議定書)
(1)ICESCR(92年8月26日発効) 第1回報告、第2回報告(期限:99年6月30日)は未提出。
(2)ICCPR(92年8月26日発効) 第2回報告(期限:02年7月31日)は未提出。
(3)CERD(86年12月28日発効) 第8回報告～第10回報告(期限:02年12月28日)は未提出。
(4)CRC(92年11月14日発効) 第2回報告(期限:99年11月13日)は未提出。
(5)CEDAW(92年11月14日発効) 第1回報告～第3回報告(期限:01年11月14日)は未提出。
(6)CAT(92年11月14日発効) 第1回報告(CAT/C/21/Add.5)は第30会期(03年4～5月)に審査予定。第2回報告、第3回報告(期限:01年11月13日)は未提出。

シンガポール(未批准:ICESCR、ICCPR、ICCPR第1選択議定書、CERD、CAT)
(1)CRC(95年11月4日発効) 第1回報告(CRC/C/51/Add.8)は第34会期(03年9月)に審査予定。
(2)CEDAW(95年11月5日発効) 第3回報告の期限は04年11月4日。

タイ(未批准:ICCPR第1選択議定書、

CERD、CAT）
（1）ICESCR（99年12月5日発効）　第1回報告（期限：01年6月30日）は未提出。
（2）ICCPR（97年1月29日発効）　第1回報告（期限：98年1月28日）は未提出。
（3）CRC（92年4月26日発効）　第2回報告（期限：99年4月25日）は未提出。
（4）CEDAW（85年9月8日発効）　第4回報告、第5回報告（期限：02年9月8日）は未提出。

フィリピン（未批准：なし）
（1）ICESCR（76年1月3日発効）　第2回報告は、第6～9条については提出済み（E/1984/7/Add.4）。第3回報告（期限：00年6月30日）は未提出。
（2）ICCPR（87年1月23日発効）、第1選択議定書（89年11月22日発効）　第2回報告（CCPR/C/PHL/2002/2）は02年8月26日に提出され、第79会期（03年10～11月）に審査予定。
（3）CERD（69年1月4日発効）　第15回報告～第17回報告（期限：02年1月4日）は未提出。
（4）CRC（90年9月20日発効）　第2回報告（期限：97年9月19日）は未提出。
（5）CEDAW（81年9月4日発効）　第5回報告（期限：98年9月4日）は未提出。
（6）CAT（87年6月26日発効）　第2回報告～第4回報告（期限：00年6月25日）は未提出。

ブルネイ（未批准：ICESCR、ICCPR、ICCPR第1選択議定書、CERD、CEDAW、CAT）
（1）CRC（96年1月26日発効）　第1回報告（CRC/C/61/Add.5）は第34会期（03年9月）に審査予定。

ベトナム（未批准：ICCPR第1選択議定書、CAT）
（1）ICESCR（82年12月24日発効）　第2回報告、第3回報告（期限：00年6月30日）は未提出。
（2）ICCPR（82年12月24日発効）　第2回報告（CCPR/C/VNM/2001/2）は01年4月3日に提出され、第75会期（02年7月）にて審査された。総括所見（CCPR/CO/75/VNM）にて懸念事項とされた概要は以下のとおり。

・国内法秩序における規約の地位が不明確であること。ベトナム憲法の条項に規約と合致しない内容のものがあり、他方で規約に規定する権利のすべてが列挙されておらず、権利制限の範囲・基準が規定されていないこと。

・死刑を科す罪名数は若干減らされたが依然多く、死刑が最も深刻な犯罪に限定されていないと思われること。とくに、秩序妨害や国家安全の侵害等の行為の定義が過度に曖昧で規約6条2項と合致しないと考えられること。

・裁判官や司法官の関与なく2年まで家宅軟禁を認める法令CP31が依然適用されていること。刑事訴訟法71条では、無制限に予防拘禁の期間を延長できる場合を規定していること。

・司法制度が脆弱であり、最高人民裁判所が政府から独立していないこと。裁判官の選任方法、任期、過誤決定に

対する懲罰的措置などが、司法の独立を脅かしていること。
・女性に対する家庭内暴力が多発しており、包括的な対策がとられていないこと。
・特定の宗教が抑圧、抑制されていること。
・表現の自由への極度の制限に関する報告があること。プレス法が禁止する「政治的安定を害しあるいは国家機関を侮辱する出版物」という概念の定義が非常に広く、条約19条3項に合致しないこと。

　また主な勧告の内容は以下のとおり。
・選択議定書への加入を検討すること。
・拷問およびその他の公務員による権力濫用の申立を受理・調査し、責任者に対する刑事および懲罰的手続を行う独立の人権監視機関を、立法によって設立すること。
・先住民族に属する人々が宗教や言語など文化的伝統を享受し、農業活動を営む権利を尊重されるよう確保する措置を直ちにとること。
・国内および国際人権NGOや政党が、障害なく活動できるよう必要なすべての措置をとること。
　第3回報告、第4回報告（期限：98年12月23日）は未提出。
（3）CERD（82年7月9日発効）　第10回報告（期限：01年7月9日）は未提出。
（4）CRC（90年9月2日発行）　第2回報告（CRC/C/65/Add.20）は00年5月10日に提出され、第32会期（03年1月）にて審査された。

（5）CEDAW（82年3月19日発効）　第5回報告（期限：99年3月19日）は未提出。

マレーシア（未批准：ICESCR、ICCPR、ICCPR第1選択議定書、CERD、CAT）
（1）CRC（95年3月19日発効）　第1回報告、第2回報告（期限：02年3月19日）は未提出。
（2）CEDAW（95年8月4日発効）　第1回報告、第2回報告（期限：00年8月4日）は未提出。

ミャンマー（ビルマ）（未批准：ICESCR、ICCPR、ICCPR第1選択議定書、CERD、CAT）
（1）CRC（91年8月14日発効）　第2回報告（CRC/C/70/Add.21）は02年6月11日に提出され、第36会期（04年5月）に審査予定。
（2）CEDAW（97年8月21日発効）　第2回報告（期限：02年8月21日）は未提出。

ラオス（未批准：ICESCR、ICCPR〔いずれも2000年12月7日署名済み〕、ICCPR第1選択議定書、CAT）
（1）CERD（74年3月24日発効）　第6回報告〜第14回報告（期限：01年3月24日）は未提出。
（2）CRC（91年6月7日発効）　第2回報告（期限：98年6月7日）は未提出。
（3）CEDAW（81年9月13日発効）　第1回報告〜第5回報告（期限：98年9月13日）は未提出。

《南アジア》
アフガニスタン(未批准:ICCPR第1選択議定書、CEDAW〔80年8月14日署名済み〕)
(1)ICESCR(83年4月24日発効)　第2回報告、第3回報告(期限:00年6月30日)は未提出。
(2)ICCPR(83年4月24日発効)　第3回報告、第4回報告(期限:99年4月23日)は未提出。91年10月25日に提出された第2回報告(CCPR/C/57/Add.5)は審査日程未定。
(3)CERD(83年8月5日発効)　第2回報告〜第10回報告(期限:00年8月5日)は未提出。
(4)CRC(94年4月27日発効)　第1回報告、第2回報告(期限:01年4月26日)は未提出。
(5)CAT(87年6月26日発効)　第2回報告〜第4回報告(期限:00年6月25日)は未提出。

インド(未批准:ICCPR第1選択議定書、CAT〔97年10月14日署名済み〕)
(1)ICESCR(79年7月10日発効)　第2回報告〜第4回報告(期限:01年6月30日)は未提出。
(2)ICCPR(79年7月10日発効)　第4回報告(期限:01年12月31日)は未提出。
(3)CERD(69年1月4日発効)　第15回報告〜第17回報告(期限:02年1月4日)は未提出。
(4)CRC(93年1月11日発効)　第2回報告(期限:00年1月10日)は未提出。
(5)CEDAW(93年8月8日発効)　第2回報告(CRC/C/93/Add.5)は01年12月10日に提出され、第35会期(04年1月)に審査予定。

スリランカ(未批准:なし)
(1)ICESCR(80年9月11日発効)　第3回報告(期限:00年6月30日)は未提出。
(2)ICCPR(80年9月11日発効)、第1選択議定書(98年1月3日発効)　第4回報告(CCPR/C/LKA/2002/4)は02年9月18日に提出され、第79会期(03年10〜11月)に審査予定。
(3)CERD(82年3月20日発効)　第10回報告(期限:01年3月20日)は未提出。
(4)CRC(91年8月11日発効)　第2回報告(CRC/C/70/Add.17)は00年9月21日に提出され、第33会期(03年5月)に審査予定。
(5)CEDAW(81年11月4日発効)　第3回・第4回報告(CEDAW/C/LKA/34)が99年10月7日に提出され、第26会期(02年1月)にて審査された。総括所見(A/57/38(Part I), paras.256-302)にて懸念事項とされた概要は以下のとおり。

・憲法において基本的権利を保障する一方、既存の法は女性に差別的であり、乖離があること。
・家庭内暴力を含む女性に対する暴力の件数が非常に多いこと。
・紛争地域において、警官や治安部隊によるタミル人の女性に対するレイプやその他の暴力が多発していること。
・仕事を求めて出国し、虐待されたり、

ときには死に至るなど危険な状況に陥る女性の数が増えていること。
・スリランカ北部および東部における紛争の影響で国内避難民が増加しており、その多くが女性と子どもであること。

また主な勧告の内容は以下のとおり。
・既存のすべての法律を見直し、条約および憲法に合致するよう女性に対して差別的な条項を改正すること。
・国内女性委員会の設立を早急に進めること。
・地域、地方および中央レベルにおける政治および公的領域での女性の数を増やすために、条約4条1項に基づく一時的特別措置も含む必要な措置をとること。
・女性に対する暴力に関するすべての法律およびその他の措置の履行を徹底し、被害者女性に効果的で利用しやすい救済と保護の手段を提供すること。委員会の一般勧告19に従い家庭内暴力に関する立法を可能なかぎり早期に施行すること。
・経済活動への女性の参加を促進するためのあらゆる必要な措置をとること。
(6) CAT(94年2月2日発効) 第2回報告(期限：99年2月1日)は未提出。

ネパール(未批准：なし)
(1) ICESCR(91年8月14日発効) 第2回報告の期限は06年6月30日。
(2) ICCPR、第1選択議定書(いずれも91年8月14日発効) 第2回報告、第3回報告(期限：97年8月13日)は未提出。
(3) CERD(71年3月1日発効) 第15回報告、第16回報告(期限：02年3月1日)は未提出。
(4) CRC(90年10月14日発効) 第2回報告、第3回報告(期限：02年10月13日)は未提出。
(5) CEDAW(91年5月22日発効) 第2回報告、第3回報告(期限：00年5月22日)は未提出。
(6) CAT(91年6月13日発効) 第2回報告、第3回報告(期限：00年6月12日)は未提出。

パキスタン(未批准：ICESCR、ICCPR、ICCPR第1選択議定書、CAT)
(1) CERD(69年1月4日発効) 第15回報告～第17回報告(期限：02年1月4日)は未提出。
(2) CRC(90年12月12日発効) 第2回報告(CRC/C/65/Add.20)は01年1月19日に提出され、第34会期(03年9月)に審査予定。
(3) CEDAW(96年4月11日発効) 第1回報告、第2回報告(01年4月11日)は未提出。

バングラデシュ(未批准：ICCPR第1選択議定書)
(1) ICESCR(99年1月5日発効) 第1回報告(期限：00年6月30日)は未提出。
(2) ICCPR(2000年12月6日発効) 第1回報告(期限：01年12月6日)は未提出。
(3) CERD(79年7月11日発効) 第12回報告(期限：02年7月11日)は未提出。

(4) CRC（90年9月2日発効）　第2回報告（CRC/C/65/Add.21）は01年6月12日に提出され、第34会期（03年9月）に審査予定。
(5) CEDAW（84年12月6日発効）　第5回報告（期限：01年12月6日）は未提出。
(6) CAT（98年11月4日発効）　第1回報告（期限：99年11月4日）は未提出。

ブータン（未批准：ICESCR、ICCPR、ICCPR第1選択議定書、CERD〔73年3月26日署名済み〕、CAT）
(1) CRC（90年9月2日発効）　第2回報告（期限：97年9月1日）は未提出。
(2) CEDAW（81年9月30日発効）　第1回報告〜第5回報告（期限：98年9月30日）は未提出。

モルディブ（未批准：ICESCR、ICCPR、ICCPR第1選択議定書、CAT）
(1) CERD（84年5月24日発効）　第5回報告〜第9回報告（期限：01年5月24日）は未提出。
(2) CRC（91年3月13日発効）　第2回報告（期限：98年3月12日）は未提出。
(3) CEDAW（93年7月31日発効）　第2回報告、第3回報告（期限：02年7月1日）は未提出。

《中央アジア》
ウズベキスタン（未批准：なし）
(1) ICESCR（95年12月28日発効）　第1回報告（期限：97年6月30日）は未提出。
(2) ICCPR、第1選択議定書（いずれも95年12月28日発効）　第2回報告の期限は04年4月1日。
(3) CERD（95年10月28日発効）　第3回報告、第4回報告（期限：02年10月28日）は未提出。
(4) CRC（94年7月29日発効）　第2回報告（期限：01年7月28日）は未提出。
(5) CEDAW（95年8月18日発効）　第2回報告（期限：00年8月18日）は未提出。
(6) CAT（95年10月28日発効）　第2回報告（CAT/C/53/Add.1）は00年11月29日に提出され、第28会期（02年5月）にて審査された。総括所見（CAT/C/CR/28/7）での主な勧告の内容は以下のとおり。

・刑法の改正計画を迅速に進め、条約1条の定義に合致した拷問の罪を刑法に規定すること。
・被拘禁者からの申立を受理する独立した機関を設置し、当局に報告された拷問の申立の調査および行為者の起訴と処罰を確保するための緊急かつ効果的な措置をとること。拷問被害申立を行った者および証人が報復行為を受けないよう保護を確保すること。
・拷問によって得た証拠の無効原則の絶対遵守を現場において確保すること。
・拘禁開始時点から被拘禁者の接見交通権や本人の要請に応じた医者の往診を確保するための諸措置の採用を進めること。
・刑務所および公判前拘禁施設の状況を改善し、独立の調査官が通告なく視察を行いその所見を公表する制度を設置すること。

・被拘禁者と接触する法執行官らに対し、拷問禁止についての訓練を徹底すること。
・条約加入以降の、拷問や虐待の結果得たと思われる自白に基づく有罪判決事件の再審理を行い、被害者に適切な補償を確保すること。
・条約21条および22条への宣言を行うこと。
　第2回報告期限は03年9月24日。

カザフスタン（未批准：ICESCR、ICCPR、ICCPR第1選択議定書）

(1)CERD(98年9月26日発効)　第1回報告、第2回報告(期限：02年9月26日)は未提出。
(2)CRC(94年9月11日発効)　第1回報告(CRC/C/41/Add.13)は01年11月20日に提出され、第33会期(03年5月)に審査が行われた。
(3)CEDAW(98年8月25日発効)　第2回報告の期限は03年8月25日。
(4)CAT(98年9月25日発効)　第2回報告の期限は03年9月24日。

キルギス（未批准：なし）

(1)ICESCR(94年10月7日発効)　第2回報告の提出期限は05年6月30日。
(2)ICCPR、第1選択議定書(いずれも95年1月7日発効)　第2回報告の提出期限は04年7月31日。
(3)CERD(97年10月5日発効)　第2回報告、第3回報告(期限：02年1月5日)は未提出。
(4)CRC(94年11月6日発効)　第2回報告(CRC/C/104/Add.4)は02年8月28日に提出され、第36会期(04年5月)に審査予定。
(5)CEDAW(97年3月11日発効)　第2回報告(期限：02年3月12日)は未提出。
(6)CAT(97年10月5日発効)　第2回報告(期限：02年10月4日)は未提出。

タジキスタン（未批准：なし）

(1)ICESCR(99年4月4日発効)　第1回報告(期限：01年6月30日)は未提出。
(2)ICCPR、第1選択議定書(いずれも99年4月4日発効)　第1回報告(期限：00年4月3日)は未提出。
(3)CERD(95年2月10日発効)　第1回報告〜第4回報告(期限：02年2月10日)は未提出。
(4)CRC(93年11月25日発効)　第2回報告(期限：00年11月24日)は未提出。
(5)CEDAW(93年11月25日発効)　第1回報告〜第3回報告(期限：02年10月25日)は未提出。
(6)CAT(95年2月10日発効)　第1回報告、第2回報告(期限：00年2月9日)は未提出。

トルクメニスタン（未批准：なし）

(1)ICESCR(97年8月1日発効)　第1回報告(期限：99年6月30日)は未提出。
(2)ICCPR、第1選択議定書(いずれも97年8月1日発効)　第1回報告(期限：98年7月31日)は未提出。
(3)CERD(94年10月29日発効)　第1回報告〜第4回報告(期限：01年10月

29日）は未提出。第60会期（02年3月）に政府代表不在のまま履行状況の見直しが行われた。見解（CERD/C/60/CO/15）では、可能なかぎり早期に報告書を作成し提出するために、人権高等弁務官事務所の技術的支援を求めることが勧奨されたほか、以下の点についての懸念が示された。
・1994年に条約に加入して以来、報告を行っていないこと。
・多くの人権条約に加入しているが、国連のどの条約機関に対しても報告を行っておらず、人権委員会の特別報告者の書簡にも返答していないこと。
・市民的政治的分野および社会的経済的文化的分野における甚大な人権侵害の申立があること。
・とくに、雇用や教育、思想・良心の自由および宗教の自由に関する、マイノリティに属する人々への差別の申立があること。
・ロシア正教およびイスラム教スンニ派以外の宗教に対する登録拒否およびさまざまな迫害の情報があること。
（4）CRC（93年10月19日発効）　第1回報告、第2回報告（期限：00年10月19日）は未提出。
（5）CEDAW（97年5月30日発効）　第1回報告（期限：98年5月31日）は未提出。
（6）CAT（99年7月25日発効）　第1回報告（期限：00年7月25日）は未提出。

《太平洋》
オーストラリア（未批准：なし）
（1）ICESCR（76年3月10日発効）　第4回報告の期限は05年6月30日。
（2）ICCPR（80年11月13日発効）、第1選択議定書（91年12月25日発効）　第5回報告の期限は05年7月31日。
（3）CERD（75年10月30日発効、個人通報受諾宣言）　第13回報告、第14回報告（02年10月30日）は未提出。
（4）CRC（91年1月16日発効）　第2回報告（期限：98年1月15日）は未提出。
（5）CEDAW（83年8月27日発効）　第4回報告、第5回報告（期限：00年8月27日）は未提出。
（6）CAT（89年9月7日発効、個人通報受諾宣言）　第3回報告の期限は04年11月6日。

キリバス（未批准：ICESCR、ICCPR、ICCPR第1選択議定書、CERD、CEDAW、CAT）
（1）CRC（96年1月10日発効）　第1回報告（期限：98年1月9日）は未提出。

サモア（未批准：ICESCR、ICCPR、ICCPR第1選択議定書、CERD、CAT）
（1）CRC（94年12月29日発効）　第1回報告、第2回報告（期限：01年12月28日）は未提出。
（2）CEDAW（92年10月25日発効）　第1回報告～第3回報告（期限：01年10月25日）は未提出。

ソロモン諸島（未批准：ICCPR、ICCPR第1選択議定書、CAT）
（1）ICESCR（82年3月17日発効）　第1回報告（E/1990/5/Add.50）は01年7月2日に提出され、第29会期（02年11月）

にて審査された。総括所見(E/C.12/1/Add.84)にて懸念事項とされた概要は以下のとおり。
・14歳以上の人口の45％が無報酬の仕事に従事しているとの記載が政府報告書にあること。女性や若年層を中心に、失業率および不完全雇用率が高いこと。
・伝統的な社会的支援形態が衰退し、これに代わる制度ができていないこと。
・マラリア、伝染性呼吸器疾患、性病が依然主要な保健問題であること。
・多くの地域で安全な水および適切な衛生施設へのアクセスがなく、深刻な健康問題をもたらしていること。
・初等教育が義務化されていないこと。女児のドロップアウト率が高いこと。
・女性の非識字率が高いこと。
　また、主な勧告の内容は以下のとおり。
・国内雇用創出計画を策定、履行し、女性や若年層を中心に職業訓練を提供すること。
・経済的社会的文化的権利に関連する主要なILO条約の批准を検討すること。
・女性や女児らを家庭内暴力から守るための効果的な法的および行政的措置をとり履行すること。また、家庭内暴力の被害者への支援事業を設立し、法執行官および一般市民に問題の深刻さを認知させる措置をとること。
・すべての都市部および農村地域において安全な水と適切な衛生制度を確保するための国際協力および支援を求めること。
・規約14条に従い、すべての子どもが無償で義務的な初等教育を受ける権利を行使できるよう確保する措置をとること。
・すべての段階の学校において人権教育を行い、公務員および司法府において人権意識を高めること。
　第2回報告、第3回報告(期限：00年6月30日)は未提出。
(2)CERD(82年3月17日発効)　第2回報告～第10回報告(期限：01年4月16日)は未提出。第60会期(02年3月)に、政府代表不在のまま履行状況の見直しが行われた。見解(CERD/C/60/CO/12)では、可能なかぎり早期に報告書を作成し提出するために人権高等弁務官事務所の技術的支援を求めるよう勧奨されたほか、以下の点につき懸念が示された。
・1983年の第1回報告書以降、報告書が提出されていないこと。
・ソロモン諸島が直面している経済的社会的困難や、政治的・民族的紛争。Isatabu Freedom Movement (IFM)とMalaita Eagle Force(MEF)間の国内紛争が、大規模な人権侵害を引き起こしていること。
(3)CRC(95年5月9日発効)　第1回報告(CRC/C/51/Add.6)は01年2月27日に提出され、第32会期(03年1月)にて審査された。
(4)CEDAW(02年6月5日発効)　第1回報告の期限は、03年6月6日。

ツバル(未批准：ICESCR、ICCPR、ICCPR第1選択議定書、CERD、CAT)

(1)CRC(95年10月22日発効)　第1回

報告（期限：97年12月21日）は未提出。
（2）CEDAW（99年11月5日発効）　第1回報告（期限：00年11月6日）は未提出。

トンガ（未批准：ICESCR、ICCPR、ICCPR第1選択議定書、CEDAW、CAT）

（1）CERD（72年3月17日発効）　第15回報告（期限：01年3月17日）は未提出。
（2）CRC（95年12月6日発効）　第1回報告（期限：97年12月6日）は未提出。

ナウル（未批准：ICESCR、CEDAW、ICCPR、ICCPR第1選択議定書、CERD、CATについてはいずれも01年11月12日に署名済み）

（1）CRC（94年8月26日発効）　第1回報告、第2回報告（期限：01年8月25日）は未提出。

ニュージーランド（未批准：なし）

（1）ICESCR（79年3月28日発効）　第2回報告（E/1990/6/Add.33）は01年8月30日に提出され、第30会期（03年5月）にて審査が行われた。
（2）ICCPR（79年3月28日発効）、第1選択議定書（89年8月26日発効）　第4回報告（CCPR/C/NZL/2001/4）は01年3月7日に提出され、第75会期（02年7月）にて審査された。総括所見（CCPR/CO/75/NZL）にて懸念事項とされた概要は以下のとおり。

・規約が規定する権利のうち、権利章典に反映されておらず、通常の立法以上の地位を与えられていないものがあること。
・運営および護送作業を私企業との契約によって行っている刑務所があるが、自由を剥奪された人々の権利を守る義務を国家が負っている分野において民営化を行うことは、規約の下での加盟国の義務および規約違反の際の加盟国自身の責務に合致するのか疑問であること。さらに、刑務所内での被拘禁者に対する日々の処遇を監視する効果的制度がないと思われること。
・マオリの人々が、規約が規定する権利の享受に関し、依然不利な状況にあること。

また、主な勧告の内容は以下のとおり。

・安全保障理事会決議1373（2001）履行のための措置が規約に十分合致するものであるよう、またテロリズムの定義が濫用されないよう確保すること。ノン・ルフールマンの原則の厳格な遵守を継続すること。
・ニュージーランド永住権保持者および一部の市民権保持者に対し再入国査証を必要とする法律を見直し、規約12条4項に合致したものとすること。
・規約10条への留保に関する見直しを完了させ、可能なかぎり早期に撤回すること。

第5回報告（期限：00年3月27日）は未提出。
（3）CERD（72年12月22日発効）　第12回～第14回報告（CERD/C/362/Add.10）が01年10月4日に提出され、第61会期（02年8月）にて審査された。

総括所見（A/57/18, paras.412-434）にて懸念事項とされた概要は以下のとおり。

・マオリの人々、太平洋諸島の人々、およびその他の民族的集団に属する人々が、社会的経済的権利の享受に際して依然不利な状況にあること。
・マオリの人々および太平洋諸島の人々の犯罪発生率低下のための政府の努力にもかかわらず、矯正施設収容人口に占める彼らの率が依然として非常に高いこと。
・2001年9月11日の事件以降、ほとんどすべての庇護申請者が国境においていったん拘禁されていたこと。高等裁判所の違法判断により、この措置は現在停止されているが、入国管理局による控訴の結果次第で再開されるおそれがあること。
・国内裁判所判決における「積極的差別是正措置」および「平等」の解釈は、規約1条および2条で規定する特別の措置の範疇を狭めているように思われること。

また、主な勧告の内容は以下のとおり。

・マオリの人々、太平洋諸島の人々およびその他の民族的集団に属する人々の経済的社会的権利の享受に優先的配慮を行うこと。
・人種的憎悪の扇動の罪についての人権法131条から134条に関して、刑事手続を開始する際に検事総長の同意を必要としている現在の運用より、容易に刑事手続を開始する方法を検討すること。
・規約14条への宣言を行うことを検討すること。

第15回報告（期限：01年12月22日）は未提出。
(4) CRC（93年5月6日発効）　第2回報告（CRC/C/93/Add.4）は01年2月19日に提出され、第34会期（03年9月）に審査予定。
(5) CEDAW（85年2月9日発効）　第5回報告（CEDAW/C/NZL/5）は02年10月7日に提出され、第29会期（03年7月）に審査予定。
(6) CAT（90年1月9日発効、個人通報受諾宣言）　第3回報告（CAT/C/49/Add.3）は02年1月10日に提出され、第31会期（03年11月）に審査予定。

バヌアツ（未批准：ICESCR、ICCPR、ICCPR第1選択議定書、CERD、CAT）

(1) CRC（93年8月6日発効）　第2回報告（期限：00年8月5日）は未提出。
(2) CEDAW（95年10月8日発効）　第1回報告、第2回報告（期限：00年10月8日）は未提出。

パプアニューギニア（未批准：ICESCR、ICCPR、ICCPR第1選択議定書、CAT）

(1) CERD（82年2月26日発効）　第2回報告〜第10回報告（期限：01年2月26日）は未提出。第60会期（02年3月）に早期警戒手続の下で履行状況の見直しが行われ、見解（CERD/C/60/CO/10）では、84年以降委員会との対話を停止していることに懸念が示され、定期報告書の提出およびブーゲンビルの状況に

ついての情報の提出があらためて要請されたほか、人権高等弁務官事務所の技術的支援を求めるよう勧奨された。
（2）CRC（93年3月31日発効）　第1回報告、第2回報告（期限：00年3月31日）は未提出。
（3）CEDAW（95年2月11日発効）　第1回報告、第2回報告（期限：02年2月11日）は未提出。

パラオ（未批准：ICESCR、ICCPR、ICCPR第1選択議定書、CERD、CEDAW、CAT）

（1）CRC（95年9月3日発効）　第2回報告（期限：02年9月2日）は未提出。

フィジー（未批准：ICESCR、ICCPR、ICCPR第1選択議定書、CAT）

（1）CERD（73年1月11日発効）　第6回報告〜第15回報告（期限：02年1月11日）は1つの報告書として02年8月7日に提出され、第62会期（03年3月）に審査が行われた。なお、第61会期（02年8月）に政府代表との対話が行われ、見解（A/57/18, paras.471-476）では、人種差別を扱う制度についてのいっそうの情報とともに、以下の点につき詳細情報の提出が求められた。
・先住フィジー人とインド系フィジー人との関係が政治的に二極化したことに関連する社会的対立と経済的衰退の状況。
・フィジーが付している、とりわけ条約5条の実施に関わる留保および宣言の意義と結果。
・政府の構成が民族的に偏っているとして2001年に行われた違憲審査の結果。
・多民族NGOの市民憲法フォーラムがその慈善団体としての地位を剥奪された事件。

（2）CRC（93年9月12日発効）　第2回報告（期限：00年9月11日）は未提出。
（3）CEDAW（95年9月27日発効）　第1回報告（CEDAW/C/FIJ/1）は00年2月29日に提出され、第26会期（02年1月）にて審査された。総括所見（A/57/38(Part I), paras.24-70）にて懸念事項とされた概要は以下のとおり。
・1997年の憲法が、女性に対する差別を定義していないこと。
・社会における女性に対する偏見と家父長的態度が、女性の経済的貢献を否定し雇用差別を助長していること。
・女性および女児に対する家庭内暴力が多発していること。
・経済的理由から売春に従事する女性が増えており、他方、売春行為に関し女性のみを罰する1944年の法が依然適用されていること。

また、主な勧告の内容は以下のとおり。
・今後の憲法改正において、差別の定義を取り入れること。基本的権利実施のための明確な手続を取り入れること。また人権委員会の管轄事項に本条約の履行を含め、国家予算から適切な資源を配分すること。
・条約4条1項に従った一時的特別措置を通して、中央および地方議会ならびにすべてのレベルの政策決定の役職における女性の代表を確保すること。
・女性に対する暴力撤廃のための政策

を強化し、家庭内暴力および性的犯罪に関する法案を早期に採択すること。
・女性の保健サービス向上およびHIV/AIDSを含む伝染性の性病対策を優先政策とすること。
・女性の性的搾取から利益を得ている者を処罰し、女性の社会への再統合を促すための法改正など統合的な計画を策定すること。
　第2回報告（期限：00年9月27日）は未提出。

マーシャル（未批准：ICESCR、ICCPR、ICCPR第1選択議定書、CERD、CEDAW、CAT）

（1）CRC（93年11月3日発効）　第2回報告（期限：00年11月2日）は未提出。

ミクロネシア連邦（未批准：ICESCR、ICCPR、ICCPR第1選択議定書、CERD、CEDAW、CAT）

（1）CRC（93年6月4日発効）　第2回報告（期限：00年6月3日）は未提出。

※ICCPRの第2選択議定書については、ネパール、オーストラリア、ニュージーランド、トルクメニスタンを除いた国は未批准。
※CEDAWの選択議定書については、ソロモン諸島、タイ、バングラデシュ、ニュージーランド、カザフスタン、キルギス、モンゴル、スリランカを除いた国は未批准。
※CRCの選択議定書（紛争下の子ども）については、バングラデシュ、ニュージーランド、スリランカ、タジキスタン、ベトナムを除いた国は未批准。
※CRCの選択議定書（児童売買、児童売買春および児童ポルノ）については、アフガニスタン、バングラデシュ、カザフスタン、モルディブ、ニュージーランド、タジキスタン、カンボジア、ベトナムを除いた国は未批准。

（岩谷暢子／神戸大学大学院国際協力研究科博士課程）

●国連の動向とアジア・太平洋地域の人権

Views on Individual Communication Issued by the Treaty Bodies for 2002

条約委員会による個人通報に関する見解

　主要人権条約のなかには、条約の規定する権利を侵害された被害者である個人が、直接条約委員会に侵害について条約違反を問う申立を行う制度を有するものがある。これが個人通報制度であり、締約国が権利の実現状況などについて定期的に報告を提出する報告制度と並ぶ、人権条約の実施措置のひとつである。

　報告制度が全締約国に課される義務であることに対し、個人通報制度は別途選択議定書の批准か受諾宣言を行った国にのみ適用される。つまり、個人通報制度を受け入れた国の領域内にいる個人が、この制度を利用することができる。現在この制度を有しているのは、自由権規約(第1選択議定書)、人種差別撤廃条約(14条)、拷問等禁止条約(22条)および女性差別撤廃条約(選択議定書)である。ちなみに、日本はいずれの条約についても個人通報制度は受け入れていない。

　委員会は申立について、まず条約の権利に関する訴えであるか、国内で利用できる救済手続を全部利用しつくしているかどうか、明白な根拠があるかどうかなどの受理可能性について審議する。受理可能と判断された申立は、本案について審議され、締約国の違反があったかどうか認定される。審議は非公開で行われるが、委員会の判断は「見解」として申立人と当事国に通報され、一般にも公表される。

　以下は、各条約委員会が2002年度に公表した見解のうち、受理されたものである(2002年3月～2003年2月公表)。ゴチック表示が対象国と通報番号。以下、①文書番号と採択日、②申立内容、③違反条項(違反なしの場合は申立条項)、④結果の順に表示。

　なお、女性差別撤廃条約に基づく見解はまだ出されていない。

1.人種差別撤廃委員会

　2件のうち1件を受理、本案について審議。

デンマーク　No.20/2000
① CERD/C/60/20/2000, Annex A/57/18 Annex III p. 129 (13 Mar. 2002)
②在住ブラジル人のレストラン入店拒否に関する不十分な警察調査
③2条1(d)、6条
④違反なし

2.拷問禁止委員会

　20件のうち18件を受理、本案について審議。

スイス　No.156/2000
①CAT/C/27/D/156/2000, A/57/44 Annex VII p. 130 (13 Nov. 2001)
②スリランカへの送還
③3条
④違反なし

スウェーデン　No.178/2001
①CAT/C/27/D/178/2001, A/57/44 Annex VII p. 17(13 Nov. 2001)
②イランへの送還
③3条
④違反なし

カナダ　No.166/2000
①CAT/C/27/D/166/2000, A/57/44 Annex VII p. 153 (14 Nov. 2001)
②認定難民のイランへの送還
③3条
④違反なし

オーストラリア　No.154/2000
①CAT/C/27/D/154/2000, A/57/44 Annex VII p. 124 (23 Nov. 2001)
②アルジェリアへの送還
③3条
④違反なし

オランダ　No.175/2000
①CAT/C/27/D/175/2000, A/57/44 Annex VII p. 159 (23 Nov. 2001)
②スリランカへの送還
③3条
④違反なし

オーストラリア　No.162/2001
①CAT/C/27/D/162/2000, A/57/44 Annex VII p. 137 (23 Nov. 2001)
②ソマリアへの送還
③3条
④違反なし

スウェーデン　No.179/2001
①CAT/C/28/D/179/2001, A/57/44 Annex VII p. 182 (30 Apr. 2002)
②チュニジアへの送還
③3条
④違反なし

オーストラリア　No. 138/1999
①CAT/C/28/138/1999, A/57/44 Annex VII p. 111 (30 Apr. 2002)
②スリランカへの送還
③3条
④違反なし

オーストリア　No. 111/1998
①CAT/C/28/D/111/1998, A/57/44 Annex VII p.105 (30 Apr. 2002)
②警察による暴行の不十分な調査
③13条
④違反なし

デンマーク　No. 146/1999
①CAT/C/28/D/146/1999, A/57/44 Annex VII, p. 177 (30 Apr. 2002)
②グルジアへの送還

③3条
④違反なし

デンマーク　No. 180/2001
①CAT/C/28/D/180/2001, A/57/44 Annex VII p. 190 (30 Apr. 2002)
②リビアへの送還
③3条
④違反なし

オーストラリア　No. 177/2001
①CAT/C/28/D/177/2001, A/57/44 Annex VII p. 166 (1 May 2002)
②ソマリアへの送還
③3条
④違反なし

スウェーデン　No. 185/2001
①CAT/C/28/D/185/2001, A/57/44 Annex VII p. 198 (8 May 2002)
②欠席裁判による有罪判決を受けるなどした申立人のチュニジアへの送還
③3条
④違反認定

スウェーデン　No. 164/2000
①CAT/C/28/D/164/2000, A/57/44 Annex VII p. 147 (15 May 2002)
②ベネズエラへの送還
③3条
④違反なし

カナダ　No. 119/1998
①CAT/C/29/D/119/1998 (3 Nov. 2002)
②ホンデュラスへの送還

③3条
④違反なし

スウェーデン　No. 204/2002
①CAT/C/29D/204/2002 (19 Nov. 2002)
②イランへの送還
③3条
④違反なし

ユーゴスラビア　No. 161/2000
①CAT/C/29/D/161/2000 (21 Nov. 2002)
②非ロマ系住民によるロマ系住民の居住地の焼き討ちに対して、警察による阻止、保護、その後の捜査・訴追がなかったこと
③12条、13条、16条
④違反認定

フランス　No. 193/2001
①CAT/C/29/193/2001 (21 Nov. 2002)
②スペイン国内の拷問等による証言に基づくフランスからスペインへの引渡し
③15条
④違反なし

3.自由権規約委員会

　49件のうち33件を受理、本案について審議。

トリニダード・トバゴ　No. 580/1994
①CCPR/C/74/D/580/1994, A/57/40 Annex IX p. 12 (21 Mar. 2002)

②HRCの規程86条に基づく仮保全措置にもかかわらず、執行停止手続中に死刑執行されたこと
③6条1・2、14条3(c)・5
④違反認定

コロンビア　No. 859/1999
①CCPR/C/74/D/859/1999, A/57/40 Annex IX p.187 (25 Mar. 2002)
②労働運動に携わった弁護士が生命に対する脅迫を受け、襲撃されたが、その捜査が行われなかったこと
③6条1、9条1、12条1・4
④違反認定

トリニダード・トバゴ　No. 683/1996
①CCPR/C/74/D/683/1996, A/57/40 Annex IX p. 55 (26 Mar. 2002)
②死刑判決の減刑までの期間の拘留状況
③10条1、14条3(c)・5
④違反認定

ナミビア　No. 919/2000
①CCPR/C/74/D/919/2000, A/57/40 Annex IX p. 243 (26 Mar. 2002)
②結婚による外国籍の夫の改姓には、妻が外国籍の場合と異なり、別手続を必要とすること
③26条
④違反認定

ペルー　No. 678/1996
①CCPR/C/74/D/678/1996, A/57/40 Annex IX p. 46 (26 Mar. 2002)
②テロリスト容疑による逮捕、覆面裁判官による裁判など適正手続の不備、遅滞
③14条1・3(c)
④違反認定

ロシア　No. 763/1997
①CCPR/C/74/D/763/1997, A/57/40 Annex IX p. 96 (26 Mar. 2002)
②未決拘禁中の病死、拘禁所の過密などの状態、医療の拒否
③6条1、10条1
④違反認定

トリニダード・トバゴ　No. 845/1998
①CCPR/C/74/D/845/1998, A/57/40 Annex IX p. 161 (26 Mar. 2002)
②殺人に対する量刑が死刑と定められていること、司法手続の長さ、刑務所の状況など
③2条3、6条1、7条、9条3、10条1、14条1、14条3(c)・5
④違反認定

オランダ　No. 794/1998
①CCPR/C/74/D/794/1998, A/57/40 Annex IX p. 144 (26 Mar. 2002)
②庇護申請者として認められた、身分証不保持、保護者非同伴の未成年の申立人の拘留
③9条、24条
④違反なし

ジャマイカ　No. 792/1998
①CCPR/C/74/D/792/1998, A/57/40 Annex IX p.140 (28 Mar. 2002)
②鞭打ちの刑

③7条
④違反認定

トリニダード・トバゴ　No. 677/1996
①CCPR/C/74/D/677/1996, A/57/40 Annex IX p. 36 (1 Apr. 2002)
②殺人の有罪判決までの裁判手続の遅滞、拘留の状況
③9条3、10条1、14条3(b)・(c)
④違反認定

トリニダード・トバゴ　No. 684/1996
①CCPR/C/74/D/684/1996, A/57/40 Annex IX p. 61 (2 Apr. 2002)
②精神障害者に対する死刑判決、死刑宣告による心理的ストレス、拘留状況
③7条、10条1
④違反認定

ベラルス　No. 921/2000
①CCPR/C/74/D/921/2000, A/57/40 Annex IX p.252 (2 Apr. 2002)
②反政府メッセージのポスター掲示に対する科料、ポスター没収
③19条
④違反認定（見解前の行政決定取消しにより救済済み）

トリニダード・トバゴ　No. 721/1996
①CCPR/C/74/D/721/1996, A/57/40 Annex IX p.76 (2 Apr. 2002)
②窃盗の有罪判決で懲役中、逃亡計画の疑いにより待遇の悪化、刑務官による虐待、ひげを剃られるなど信仰の妨害
③7条、9条3、10条1、14条3(c)、17条、18条

④違反認定

オーストラリア　No. 802/1998
①CCPR/C/74/D/802/1998, A/57/40 Annex IX p. 150 (3 Apr. 2002)
②弁護士に対する侮辱罪適用、資格剥奪
③14条3(c)
④違反認定

オーストリア　No. 965/2000
①CCPR/C/74/D/965/2000, A/57/40 Annex IX p.304 (4 Apr. 2002)
②在住・就業許可を有するトルコ人に対する国籍を理由とした労働協議会のメンバー選出拒否
③26条
④違反認定

ジャマイカ　No. 667/1995
①CCPR/C/74/D/667/1995, A/57/40 Annex IX p. 29 (4 Apr. 2002)
②殺人の有罪判決の司法手続
③6条1・2、14条1・2・3(b)・(d)
④違反なし

コンゴ　No. 641/1995
①CCPR/C/75/D/641/1995, A/57/40 Annex IX p. 24 (9 Jul. 2002)
②教職免職後、復職および賃金支払い命令の不履行
③2条、25条(c)
④違反認定

フランス　No. 932/2000
①CCPR/C/75/D/932/2000, A/57/40

Annex IX p. 270 (15 Jul. 2002)
②ニューカレドニアの自治に関するヌメア協定実施のための住民投票手続による投票権の否定
③25条（1条も考慮）
④違反なし

フランス　No. 854/1999
①CCPR/C/75/854/1999, A/57/40 Annex IX p. 179 (15 Jul. 2002)
②政府の「小人投げ」（料金を取って客に志願者の小人症の人を投げさせる興業）禁止による、小人症の申立人の生活の権利侵害
③26条
④違反なし

ニュージーランド　No. 902/1999
①CCPR/C/75/D/902/1999, A/57/40 Annex IX p. 214 (17 Jul. 2002)
②レズビアンのカップルの婚姻届けの受理拒否
③16条、17条、23条1・2、26条
④違反なし

ペルー　No. 906/2000
①CCPR/C/75/D/906/2000, A/57/40 Annex IX p. 228 (22 Jul. 2002)
②拘留中に被疑者が死亡した事件により、逮捕され、免職になった警察官の処分無効判決後の再任拒否
③2条3、25条(c)
④違反認定

スリランカ　No. 916/2000
①CCPR/C/75/D/916/2000, A/57/40 Annex p. IX 234 (22 Jul. 2002)
②大統領による申立人である大臣に対するLTTE（タミル・イーラム解放の虎）の関与疑惑発言、それによる脅迫に対する不十分な捜査
③9条1
④違反認定

スロバキア　No. 923/2000
①CCPR/C/75/D/923/2000, A/57/40 Annex IX p. 257 (22 Jul. 2002)
②市議会選挙区による1票の重さの違い
③25条(a)・(c)
④違反認定

コロンビア　No. 848/1999
①CCPR/C/75/D/848/1999, A/57/40 Annex IX p. 172 (23 Jul. 2002)
②麻薬密売罪の被告に対する口頭審理のない文書だけの裁判
③14条
④違反認定

トリニダード・トバゴ　No. 899/1999
①CCPR/C/75/D/899/1999, A/57/40 Annex IX p. 206 (25 Jul. 2002)
②死刑および減刑に至る裁判の遅滞、拘留の状況
③9条3、10条1、14条3(c)
④違反認定

チェコ　No. 946/2000
①CCPR/C/75/D/946/2000, A/57/40 Annex IX p.294 (25 Jul. 2002)
②離婚後、裁判所で認められた母親の

保護権の下にある息子との面会の実施拒否
③2条、17条
④違反認定

ハンガリー　No. 852/1999
①CCPR/C/76/D/852/1999 (14 Oct. 2002)
②ハンガリー滞在中の逮捕、手続の遅滞、弁護士の欠如
③9条3、14条3(d)
④違反認定

コロンビア　No. 778/1997
①CCPR/C/76/D/778/1997 (24 Oct. 2002)
②政府軍による拉致、拷問、殺害
③6条1、7条(申立人7人中4人)、9条、17条1
④違反認定

チェコ　No. 757/1997
①CCPR/C/76/D/757/1997 (25 Oct. 2002)
②財産をナチスに没収され、後にチェコスロバキア政府特別法により補償なしに国有化されたこと
③2条、26条
④違反認定

ガイアナ　No. 838/1998
①CCPR/C/76/D/838/1998 (28 Oct. 2002)
②殺人容疑の逮捕から裁判までの遅滞、審理の一部における弁護人の不在
③6条、9条3、14条3(d)・(e)
④違反認定

オーストラリア　No. 900/1999
①CCPR/C/76/D/900/1999 (28 Oct. 2002)
②不法入国に対する拘禁による精神状況の悪化
③7条、9条1・4
④違反認定

ウクライナ　No. 726/1996
①CCPR/C/76/D/726/1996 (29 Oct. 2002)
②未成年をレイプした容疑に対する手続の遅滞、刑務所収容中の医療・治療記録に対するアクセスの欠如
③9条3、10条1
④違反認定

スペイン　No. 864/1999
①CCPR/C/76/D/864/1999 (31 Oct. 2002)
②詐欺横領の容疑者に対する裁判の遅滞
③14条3(c)
④違反認定

(岡田仁子)

●アジア・太平洋地域の政府・NGOの動向

United Nations General Assembly Special Session on Children
国連子ども特別総会

　2002年5月8〜10日の3日間、ニューヨークの国連本部で「国連子ども特別総会」（特別総会第27会期）が開催された。

　国連子ども特別総会は、12年前の「子どものための世界サミット」（1990年9月）以降の進展を振り返るとともに、21世紀最初の10年間の課題を明らかにするために開かれたものである。いくつかの論点をめぐって議論が紛糾したものの（後述）、最終日の午後11時59分、成果文書「子どもにふさわしい世界」を採択して閉幕した。

1.子どもへの国際的関心の高まり

　1990年のサミットで採択された「子どもの生存、保護および発達に関する世界宣言」とその行動計画は、必ずしも十分に実施されてきたとはいえない。子どもの権利条約がほぼ全世界的に批准され、就学率の向上や5歳未満児死亡の減少などいくつかの成果はあったものの、目標の多くは達成されずに21世紀を迎えた。ユニセフ（国連児童基金）は、『世界子供白書』2002年版で、この状況を評して「破られた約束」という言葉を用いている。地域的格差も著しく、とくにアフリカでは、1990年代は1980年代に続いて「ふたたび失われた10年」と評されているほどである。

　他方、この間の子どもに対する国際的関心の高まりにはめざましいものがあった。その現れのひとつは、国連子ども特別総会参加者の規模と幅広さである。首脳級の参加者こそ64人にとどまったものの、約180カ国から政府代表団が派遣され、議会議員も79カ国から250人が参加した。日本も、遠山敦子文部科学大臣を首席代表とする総勢45人の大規模な代表団を派遣している（筆者も政府代表団顧問として参加）。NGOからも、119カ国・約700団体から1,600人以上が参加した。宗教的指導者、国際的企業・財団の指導者などもさまざまなかたちで出席し、政府代表団や国際機関との対話に携わっている。

　特筆すべきなのは、400人近い子どもたちが、かなり実質的なかたちで特別総会に参加していたことである。世界132カ国の政府代表団から239人、NGOから135人の合計374人に及ぶ子どもたちが正式に参加し、特別総会に先立つ5月5〜7日に開かれた「子どもフォーラム」で話合いを行った。そして、そこで作成されたメッセージ「私たちにふさわしい世界」を、子どもたち自身によって代表に選ばれた2人の子ども（13歳・17歳）が、特別総会初日の全体討議で各国代表の発言に先立って読み上げたのである。国連総会で子どもが演説したのはこれが初

103

めてのことであった。

　その後もいくつかの国の総会演説で子ども・若者代表が演壇に立ったほか、ラウンドテーブル、特別総会中に開かれた安全保障理事会、その他のさまざまな関連イベントに子どもたちが参加し、討議に活発に参加している。

　このほか、特別総会の準備の過程で、ユニセフおよびいくつかの国際NGOにより「子どものためのグローバル・ムーブメント」が組織され、世界中で活発なキャンペーンが行われたことも記しておかなければならない。子どものための取組みを支持する旨の署名が各国で集められ、その総数は特別総会までに約9,500万筆に達した。

2.成果文書「子どもにふさわしい世界」

　特別総会で採択された成果文書「子どもにふさわしい世界」は、「宣言」「進展および得られた教訓の振り返り」「行動計画」の3部から構成され、行動計画はさらに、①「子どもにふさわしい世界の創造」、②「目標、戦略および行動」、③「資源の動員」、④「フォローアップの行動および評価」に分かれている。②「目標、戦略および行動」では、優先的行動が必要とされる分野として、ⓐ健康的な生活の促進、ⓑ良質な教育の提供、ⓒ虐待、搾取および暴力からの保護、ⓓHIV/AIDSとの闘いの4つが提示され、それぞれの分野でとられるべき措置が詳細に掲げられている。

　今回の成果文書は、1990年のサミットで採択された宣言・行動計画に比べ、取組みの対象として掲げられた分野・年齢層という面でも、子どもの権利保障のためのパートナーの特定という面でも、はるかに総合的なものである。たとえば、前回は簡潔に触れられているだけだった虐待・搾取・暴力の問題が、HIV/AIDSと並んで新たな優先課題に挙げられた。さらに、思春期の青少年（adolescent）への配慮も格段に強化されている。

　パートナーシップという点では、「子どものために、かつ子どもとともに」世界を変えていくという決意が表明され（パラグラフ3）、「子どもの声に耳を傾け、その参加を確保する」ことが10の行動原則のひとつに挙げられ（同7）、そして思春期の青少年を含む子どもがパートナーの筆頭に挙げられた（同32）ことが、とりわけ重要であろう。ユニセフもこの点を重く受け止め、『世界子供白書』2003年版のテーマに「子ども参加」を選んでいる。子どもが権利行使・参加の主体であることを高らかに宣言した子どもの権利条約に続いて、世界は子ども観の転換をあらためて迫られているのである。

　成果文書の標題（A World Fit for Children）自体も、子どもに対する対応のあり方の再検討を迫っている。世界／社会のあり方に子どもが適合するのではなく、子どもの現状とニーズのほうに世界／社会が適合しなければならないという理念の転換が、そこには反映されているからである。

　他方で、子どもが権利の主体であるという考え方すら必ずしも十分に共有され

ていないことが、成果文書の内容をめぐる議論の過程で浮かび上がった。たとえば、成果文書の中で子どもの権利（条約）をどう位置づけるかは、最も議論が紛糾した論点のひとつである。EU（欧州連合）加盟国をはじめ多くの国々が成果文書と子どもの権利条約を一体のものとして位置づけようとしたのに対し、アメリカは「子どもの権利」という考え方を前面に押し出すことにさえ反対して激しく抵抗した。その結果、子どもの権利条約への言及は、当初期待されていた水準をはるかに下回る位置づけとなっている。

子どものリプロダクティブ・ヘルス（性と生殖に関わる健康）をめぐっても、十分な教育やサービスの提供を進めなければならないと主張するEUやラテンアメリカ諸国と、禁欲（abstinence）教育こそが唯一最善の手段であると譲らないアメリカ・バチカンとの間で、土壇場まで激しい交渉が続いた。そのため、たとえば性教育の必要性に関する言及がほぼ丸ごと削除されるなど、国連人口開発会議（1994年）・第4回世界女性会議（1995年）以前に「時計の針を戻した」と評されるほどの内容になってしまった観が否めない。

各国の主張が対立し、子どもに対して十分な保護を提供するものではない文言が採用された箇所は、ほかにもいくつか存在する。死刑・少年司法、児童労働、武力紛争・子どもの難民、フォローアップとモニタリングのあり方などが主な対立点である。

このような問題点があるとはいえ、成果文書が、子どものための行動の指針を示したという点で子どもの権利条約と並ぶ重要な文書であることに変わりはない。各国は、「できれば」という限定句付きながら、2003年末までに成果文書実施のための国別行動計画を策定・実施するよう求められている。今後のフォローアップは引き続きユニセフを軸として行われることになっており、相応に強力なモニタリングが可能になるはずである。

日本の場合、1990年のサミットのフォローアップは、内容面でも手続面でもいささか不十分なものであった。一応「西暦2000年に向けての国内行動計画」（1991年12月、外務省）は作成されたものの、その内容は具体性や総合性に欠けており、特別総会に向けて提出された実施報告書（2000年12月）も日本の子どもの実態を的確に伝えていない。

NGOの関心がそれほど高くなかったことも、フォローアップが不十分なものとなった要因のひとつである。今後、政府とNGOが建設的な姿勢を維持・強化しながら、子どもの権利条約（およびその他の関連国際文書）の実施も目的とした総合的な国別行動計画を策定すること、社会の幅広い層（NGO、子ども・若者、民間セクター等）とのパートナーシップを構築・強化するために努力することなどを通じ、特別総会のフォローアップに取り組んでいくことが求められる。

※国連子ども特別総会に関する筆者の原稿リスト・関連資料等は、下記ウェブサイト参照。http://homepage2.nifty.com/childrights/index.htm

（平野裕二／ARC代表）

資料1

アジア・太平洋国内人権機関フォーラム第7回年次会合 最終結論

ニューデリー、インド
2002年11月11〜13日

1.インド、オーストラリア、フィジー、インドネシア、マレーシア、モンゴル、ネパール、ニュージーランド、フィリピン、大韓民国、スリランカおよびタイの国内人権機関の代表から構成されるアジア・太平洋国内人権機関フォーラムは、2002年11月11日から13日にインドのニューデリーにおいて第7回年次会合を開催した。

2.フォーラムはインド国家人権委員会に対して会合の主催について感謝し、国連人権高等弁務官事務所に対して共催および財政支援の提供について感謝し、インド、オーストラリアおよびニュージーランドの各政府に対して、財政支援の提供について感謝の意を表明した。フォーラムは国連人権高等弁務官特別顧問ブライアン・バーデキン氏（Brian Burdekin）に敬意を表し、彼のすばらしい働きに感謝した。フォーラムはさらに、この会合を組織したインド国家人権委員会の委員およびスタッフならびにフォーラム事務局に感謝の意を表明した。

3.フォーラムはオーストラリア、ミャンマー、ニュージーランド、タイおよび東ティモールの政府代表、そしてアフガニスタン、イラン、ニュージーランドおよびパレスチナからの関連機関、ならびに国際、地域および国内NGO代表のオブザーバー参加を歓迎した。

4.インド首相のアタル・ビハリ・ヴァジパイ氏（Atal Bihari Vajpayee）、インド国家人権委員会の委員長であり今回のアジア・太平洋国内人権機関フォーラムの議長であるヴァルマ判事（J. S. Verma）、およびバーデキン氏が開会の言葉を述べ、人権が法の支配のきわめて重要な構成要素であり、グッド・ガバナンスの基本的要素であることを確認した。また、人権の保護と促進に関する国内人権機関の重要性があらためて表明された。テロリズムによる挑戦ならびに人身売買および障害者に関連する人権問題に特別の注意がなされた。

結論

5.フォーラムは国内人権機関の地位と責務が、国連総会によって採択された（決議48/134）「国内機関の地位に関する原則」（通称「パリ原則」）に合致したものでなくてはならないことを再確認した。この原則に基づき、マレーシア、韓国およびタイの国内人権機関をフォーラムの正式メンバーとして認め、よってフォーラムのメンバーは合計12機関となった。

6.フォーラムは「準メンバーシップ」のカテゴリーに関する討議資料を検討し、準メンバーシップの申請を判断するための

指針となる2つの基準に同意した。すなわち、広範な権限の所持、そして国連の1加盟国あたり1機関の許可が望ましいとする。

7.フォーラムは人権機関との戦略的パートナーシップの強化が重要であることを確認した。会合の議題に関連する適切な機関・組織に対してオブザーバー参加の招待がなされるであろう。

8.フォーラムはインド国家人権委員会（本年次会合のホスト機関）を満場一致でフォーラムの議長に選出した。スリランカ国家人権委員会（前年次会合のホスト機関）およびネパール国家人権委員会（来年次会合のホスト機関）もまた満場一致で副議長に選出した。

9.フォーラムはオーストラリア、フィジー、ネパールおよびフィリピンの国内人権機関を、国内人権機関に関する国際調整委員会（International Coordinating Committee of National Institutions）への4地域代表として選出した。フィジー人権委員会は、国際調整委員会の小委員会にも加わる。

10.フォーラムは加盟機関のシニア・エグゼクティブ・オフィサーによる初会合を歓迎する。フォーラムは国内人権機関の効果的かつ能率的な機能を補助するための手段を検討、実行するワーキング・グループの設置を含む会合の結論に留意する。フォーラムはまた事務局に対して、フォーラムの新しいガバナンスとマネジメント政策の発展に関して、フォーラム加盟機関への補助を要請した。

11.国連人権高等弁務官特別顧問は、国内人権機関の設置および強化を促進するための国連の継続的関与を強調した。フォーラムの副議長が昨年のフォーラムの活動に関する報告書を提出し、フォーラムは事務局の働きに感謝の意を表明した。NGOの代表は、国内人権機関が人権の保護と促進のために国内および国際の両レベルにおいてNGOと実際的な協力活動を実行することの重要性を強調した。

12.フォーラム加盟機関は、法律家諮問評議会（Advisory Council of Jurists）による死刑およびインターネット上の子どもポルノグラフィーに関する報告書の勧告の実行について報告した。多くのフォーラム加盟機関が、法律家諮問評議会による勧告の成功例について言及した。フォーラム加盟機関は、法律家諮問評議会に対して人権を保護し、かつ世界的なテロリズムに対抗する際の法の支配の重要性の問題について付託することを合意した。そして事務局に対してフォーラムにおける検討および提案のための草案作成を要請した。

13.フォーラムは障害者の権利に関する新しい国際条約の発展について議論した。フォーラム加盟機関は国連の特別委員会の招待に対して積極的に対応し、新しい条約の発展に関してフォーラムとして独立して参加することを合意した。フォーラムは討議文書の勧告を採用し、その実行に対する国連人権高等弁務官の協力を歓迎する。この議題のさらなる発展のために、事務局は会合の参加者からなされたすべてのコメントに留意する。

14.フォーラムは人身売買の問題について、国際的な専門家およびNGOの見解、法律家諮問評議会の報告書を含めて検討した。フォーラムは法律家諮問評議会の専門的かつ包括的な報告書に心より感謝する。その報告書には、①批准、②適用、③施行、④被害者保護、⑤研究および政策、⑥教育、⑦協力について言及されていた。フォーラム加盟機関はこの報告書を注意深く検討し、次の年次会合においてその実行について報告するであろう。フォーラムはこの問題について地域間協力を強化するための補助を事務局に対

して要請した。フォーラムはこの問題について、インド国家人権委員会とネパール国家人権委員会の協力の合意を歓迎する。フォーラムはまた事務局に対して、人身売買の被害者の人権についてさらに考慮する必要性についての見解およびコメントの策定において、国連人権高等弁務官事務所と連絡をとることを要請した。フォーラムはフォーラムの加盟機関において、人身売買の問題につきネットワークを強化することを勧告した。

15.フォーラムは、ネパール国家人権委員会からの、今後、およそ12カ月後に第8回アジア・太平洋国内人権機関フォーラムを招請する申出、また、オーストラリア人権および機会均等委員会からの、必要であれば代替招請する申出に感謝してそれを受諾した。

16.フォーラムは同様に、モンゴル国家人権委員会および大韓民国国家人権委員会からの、2004年第9次年次会合の招請の申出に感謝して留意した。

※アジア・太平洋国内人権機関フォーラム・ウェブサイト（http://www.asiapacificforum.net/）参照。

（野沢萌子／名古屋大学大学院国際開発研究科博士課程・人権フォーラム21）

●アジア・太平洋地域の政府・NGOの動向

Development of Human Rights Education in the Asia-Pacific Region
アジア・太平洋地域における人権教育の動向

　2002年、アジア・太平洋地域において人権教育に関するさまざまなイニシアチブがとられた。ここに挙げたのはそのなかの一部だが、その内容、参加者や主催団体が多岐にわたっていることを示している。

1.地域の取組み

　タイを拠点に活動する「アジア地域人権教育資料センター」(ARRC)は、2001年に開始した、人権教育プログラムの成功例の記録を2002年も継続して行った。このプロジェクトでは現場の経験をもとに実効的な人権教育プログラムを開発する手引き作りをめざしている。

　韓国の「アジア・太平洋国際理解教育センター」(APCEIU)は、ユネスコの平和、人権、環境と持続可能な発展に関するプログラムに基づいた、教員のためのトレーニング・プログラムを開始した。7月にはフィジーのUNESCO国内委員会との共催でスバ(フィジー)においてワークショップを開催し、南太平洋10カ国から教員が参加した。

　9月には、国連人権高等弁務官事務所の中国に対する技術支援の一環として、また2001年11月に北京で開催されたセミナーのフォローアップとして、国連主催による中国代表団のフィリピン・スタディ・ツアーが実施された。アジア・太平洋人権情報センター(ヒューライツ大阪)もこのプログラムに協力した。中国からの参加者は、フィリピンの学校における人権教育に関わるプログラムや機関について説明を受け、実際の授業などを視察したほか、タイ、スリランカおよびインドネシアからの専門家と交流した。

　「価値教育および国際教育に関するアジア・太平洋ネットワーク」(APNIEVE)は、人権教育を含む資料集製作を継続して実施し、2冊めとなる資料集を10月にアデレード(オーストラリア)で開催したワークショップで紹介した。

　ヒューライツ大阪が主催した「人権レッスンプランに関する東南アジア・ワークショップ」では、カンボジア、インドネシア、マレーシア、フィリピン、タイおよびベトナムの教員が、自分で授業計画を作成するためのモデルとなるようなレッスンプランをとりまとめ、出版の準備を行った。また、APCEIUは、人権を含む「平和の文化をめざす教育」のための教員トレーニング・マニュアル作成を開始した。

　10月にはマニラで、フィリピン・ユネスコ国内委員会、ユネスコ・アジア・太平洋地域事務局、東南アジア教育大臣

機構教育革新・教育工学地域センター(SEAMEO INNOTECH)、教育の権利に関する国連特別報告者および国連人権高等弁務官事務所共催の「良質の教育に対する権利の普遍化——万人のための教育の権利達成に向けた権利ベースのアプローチ」に関するワークショップが開催された。参加者は、各国の憲法をはじめとする国内法や政策、実践がどの程度教育に関わる人権に合致しているか、各国の教育を受ける権利および「万人のための教育」実施の進捗状況を示す質的および数量データがあるかどうかなどについて話し合った。

12月にはバンコク(タイ)において、地域の人権および持続可能な発展の分野に関わるNGOおよび関係団体を集めた、アジア市民社会フォーラムが開催された。国連とのパートナーシップを深めるために実施されたこのフォーラムの中のワークショップのひとつは、地域の人権教育プログラムの実施を取り上げ、環境と持続可能な発展についても含めていく必要があることなどを討議した。

同じく12月、タイのチェンマイでは、アジアのマイノリティと先住民族に関するセミナーが開催された。公務員、警察、司法関係者などにマイノリティや先住民族の権利に関する啓発・研修を行うこと、学校においてマイノリティや先住民族について教育するプログラムを導入すること、マイノリティや先住民族の能力開発の強化を行うことなどを参加者は提言した。

太平洋地域においては、太平洋島嶼国の人権教育と司法行政に関するワークショップが、6月にナンディー(フィジー)で実施された。ワークショップには裁判官、弁護士、警察、刑務官や市民の代表などが参加し、司法制度において裁判官や弁護士が人権の保護・促進について果たす役割について議論した。

地域内の国内人権機関のスタッフのためのプログラムなども見られた。10月から11月にかけてバンコク(タイ)において、地域の国内人権機関スタッフのトレーニング・プログラムが実施され、オーストラリア、香港、インド、インドネシア、イラン、マレーシア、モンゴル、ネパール、ニュージーランド、パレスチナ、フィリピン、韓国、スリランカ、タイの国内人権機関から参加者が集まった。

そのほかにも、アジア・太平洋国内人権機関フォーラム主催などによるいくつかのワークショップが開催された。

また、いくつかの組織や大学で、人権教育に関するトレーニングや研究のプログラムが設置されている。

「人権と発展のためのアジアフォーラム」(FORUM-ASIA)は、チュラロンコーン大学(タイ)と共催で第6回アジア人権教育研究トレーニング・プログラムを開催した。このプログラムは、アジアの人権活動家に対し包括的な人権コースを提供するものとされた。

ニュー・サウス・ウェールズ大学(オーストラリア)法学部の外交トレーニング・プログラムは、アジア・太平洋およびオーストラリア先住民族の人権擁護者のためのトレーニングを2月にバンコクで開催した。「人権と人々による外交」と題したトレーニング・プログラムは、国際人

権法および基準などに関する情報、国連人権機関へのアクセス手続、地域人権機構や組織に関する情報やロビー活動、メディアとの協働、「人々による外交」、NGOのための実効的な戦略やインターネットの活用など、実践的な能力育成などを含む。

またマヒドン大学（タイ）は、教育関係者、研究者、活動家や学生のための人権に関する修士課程を設置している。このコースでは学際的な研究の機会を提供する。

香港大学法学部はやはり人権に関する修士課程をおいているが、ここはとくに女性やマイノリティからの応募を奨励している。

2.各国国内の取組み

オーストラリアのNGO「人権教育国内委員会」は8月、シドニーで人権教育に関する国内戦略会議を開催した。この会議は「人権教育のための国連十年」に寄与する目的で実施され、人権教育のあらゆる分野から関係者が参加し、国内の状況と将来の発展に向けた方向を検討し、国内の人権教育の戦略を議論した。その成果は政府の政策を検討する議会の委員会に提出された。

9月には、マレーシア人権委員会が人権と教育に関する会議を行った。会議には学校、教育省、NGO、メディア団体などから300人以上参加し、教育へのアクセス、学校における人権教育、メディアと人権などの課題について討議した。引き続き、マレーシア人権委員会と教育省は、人権教育を学校のカリキュラムに取り入れる手法について話し合った。

フィリピンでは、国内人権計画（1996〜2000年）の評価が行われた。計画には人権教育も含まれ、評価では人権に関する教育に継続して取り組むことが勧告された。

3.学んだこと

ナンディーで開催されたワークショップの参加者は、太平洋を1つの地域とした人権のための地域的枠組みをもつことの重要性を取り上げたが、アジア・太平洋、もしくはそれぞれの地域の人権文書やメカニズムに関する議論は、人権教育にとっても重要な課題である。そのような議論によって、国際人権基準がどのようにアジア・太平洋の地域に適用されるかという検討が進むことになる。

また、2002年に行われた取組みの多くは、人権活動における成功例を集めたベスト・プラクティスやモデルを検討することに関わっていた。ベスト・プラクティスやそれを評価する基準は、既存のシステムを改善するために役立つ。また、人権教育に関わる経験を情報発信することも重要である。

オーストラリアやマレーシアで開催された国内会議は、国内人権計画を策定するために広い分野にわたる協議の場が有用であることを示した。そのような機会によって人々の教育や参加が促進される。

ここに挙げられた取組みは、この地域において国連機関、各国政府、国内機

関、NGOなどの間の協力が拡大しつつあることを示している。しかし、企業など民間部門、開発や金融機関などを含めた、あらゆる分野の関与を促進していくことが求められる。

(Jefferson R. Plantilla／ヒューライツ大阪主任研究員、訳・編集：岡田仁子)

● アジア・太平洋地域の政府・NGOの動向

Implementation and Follow-up to the World Conference against Racism, Racial Discrimination, Xenophobia and Related Intolerance, and its Declaration/ Programme of Action

ダーバン宣言・行動計画の実施状況とダーバン会議後のフォローアップ

1.国連人権高等弁務官事務所による報告から

　2001年8〜9月に南アフリカのダーバンで行われた反人種主義・差別撤廃世界会議（正式名：人種主義、人種差別、外国人排斥および関連のある不寛容に反対する世界会議。以下では「ダーバン会議」とする）で採択された宣言・行動計画の実施状況、ならびに会議後のフォローアップについては、情報の収集発信の中心的役割を担っている国連人権高等弁務官事務所による報告が最も総括的で、概観を知るには妥当な報告であると思われる。

　人権高等弁務官事務所による報告文書は、人権委員会と総会に年に1度提出されることになっている。国連総会第57会期（2002年9月）に提出された報告（A/57/443）、そして、人権委員会の第59会期（2003年3〜4月）において提出された報告（E/CN.4/2003/18）の2つの文書をもとに、ダーバン宣言・行動計画の実施状況とダーバン会議後のフォローアップについて紹介する。

　これらの報告では、加盟国、人権条約機関、国連機関、専門機関、国際およよび地域機関、国内人権機関、そしてNGOによるダーバン会議後の取組みがまとめられている。人権高等弁務官事務所によって事前に情報提供が依頼されており、その回答を主な情報源としてまとめられたものである。文書の中では個々の活動報告は短く簡潔に記述されているにすぎないし、とくに国家による回答などは、活動の実態が吟味される必要がある。さらに、提供された情報が、行われた活動のすべてではないだろう。ただ、これら報告文書を見ると、多様な方面で多様な機関がフォローアップの活動に実際に取り組んでいるという印象を受けるし、ダーバン会議の成果（困難を経て採択された宣言や行動計画など）が有名無実化していないという、ある種の励ましを与えるものではないかと思う。

2.国家政府による取組み

　まず、報告の中で政府による取組みがまとめられた部分で、2002年9月の国連総会への報告時点で、アルバニア、アルゼンチン、コロンビア、クロアチア、キューバ、キプロス、チェコ、ドイツ、リヒ

テンシュタイン、メキシコ、モロッコ、オランダ、ノルウェー、ルーマニア、ロシア、そしてスイスの取組みが挙げられている。さらに、2003年3月の人権委員会への報告時点では、これらに、ベルギー、イラン、ジャマイカ、スペイン、タイ、英国についての記述が加えられている。

その内容は、たとえば、ダーバン宣言・行動計画を踏まえた国内行動計画の策定および策定に向けた準備や取組み(アルゼンチン、コロンビア、クロアチア、デンマーク、リヒテンシュタイン、ノルウェー、英国)、自国憲法や国内法の改正(クロアチア、メキシコ)、過激な人種主義や極右主義に対応した法律や行政措置の強化(チェコ、ドイツ)、民法・労働法の下での差別禁止法の制定準備(ドイツ)、個人の申立の受理能力を高める法制度の策定(メキシコ)、個人あるいは集団の人種差別撤廃委員会への通報を認めた人種差別撤廃条約14条の受諾宣言(ドイツ、メキシコ)、「差別と闘う国内評議会」の設立(ルーマニア)、テーマ別活動の実施(スイス)、人種差別撤廃委員会への定期報告の提出(イラン)、ダーバン会議の重要性を一般市民に知らせる集会の実施(モロッコ)、NGOを含めた集会の開催(ジャマイカ)、ダーバン行動計画の出版・配布(スペイン)、政府省庁へのダーバン行動計画の配布(ジャマイカ)、ダーバン会議について知らせるための出版物の作成(ベルギー)、人種差別に反対するリーフレットの改訂出版(オランダ)、ポスター・リーフレット・テレビ広告などによるメディア・キャンペーンの実施(チェコ)、人権教育の推進(ジャマイカ)などが見られる。

報告に含まれた数少ないアジア・太平洋地域の国のひとつであるタイでは、2002年8月、ダーバン会議のフォローアップの一環として外務省主催のセミナーが開催され、政府機関やNGO、メディア、市民、そして少数山岳民族も参加したとされている。また、ダーバン行動計画(英語版)と、そのタイ語での概略版が出版されたとしている。さらに、人種差別撤廃条約の加入が検討されており、ダーバン行動計画が2005年までの全世界の批准を呼びかけているのに従い、締約国になることが予定されているとのことである。

回答を送っていない日本政府の取組みはどうかというと、ダーバン会議後、上記のようなアクションはほとんどとられておらず、意思の欠如は否めない。ダーバン行動計画が諸国家による「約束」であるという認識の欠如ともいえる。

3. その他の機関の取組み

報告文書には、政府のほかに、多様な機関の活動も数多く記述されている。ダーバン会議のひとつの特徴は、関連する人権課題やテーマが多岐にわたっていることである。宣言が122段落、行動計画は219段落あることからもそれがわかる。NGOフォーラムの宣言・行動計画に至っては合わせて473段落に及ぶ。

人権条約機関、国連機関、専門機関、国際および地域機関、そしてNGOなど、関連するさまざまな機関・団体がダーバン会議のフォローアップに従事し

ている。

たとえば、ユネスコ(国連教育科学文化機関)では、ダーバン会議のフォローアップのための戦略を採択し、特別な部局を設け、調査研究や世界戦略作成のための一連の地域会合を各地域で開催している(それら地域会合のまとめとなる専門家会議が、ヒューライツ大阪と反差別国際運動〔IMADR〕の協力で2003年6月に大阪で行われることになっている)。

国内人権機関による取組みの報告として、アジア・太平洋地域の国内人権機関フォーラムが、「人種主義、メディアそして人権教育」をテーマとした会議を2002年7月、オーストラリアのシドニーで開催しているほか、フィジー人権委員会は2002年8月、「人種の関係を再構築する――ダーバン会議のフォローアップ」をテーマに会議を行っている。

若者によるフォローアップでは、アジア・太平洋地域においても活動が展開されており、27の国のそれぞれ拠点となる団体・個人を集めたワークショップが、2002年7月にタイのバンコクで行われたことが報告されている。また、そのワークショップに引き続いて、2002年9月以降、国内レベルでの取組みがアジア各国で数多く行われている(ヒューライツ大阪の英文ニュースレターFocus第31号を参照)。

国連人権高等弁務官事務所は、ダーバン会議後にフォローアップの役割を担うために設立された「反差別ユニット」を中心に、会議やセミナーの開催、出版物の作成、関連する会議への参加やそこでの発表、報告書の作成、NGOとの連絡、良き実行(ベスト・プラクティス)の例のデータベース作成、各種機関との連携・協力、若者のネットワークの推進など数多くの重要な仕事を担ってきた。今後も引き続きそうした役割を担っていくだろう。

最後に、日本国内でダーバン会議に向けて組織されたNGOおよび市民の連合体「ダーバン2001」は、ダーバン会議の報告集会を開催したり、NGOフォーラムの宣言・行動計画を手分けして翻訳し、協同して作成した。また、ダーバン会議の多様なテーマごとの解説やふりかえり、そして宣言・行動計画の翻訳を収録した出版物がNGOの協力のもとに作成された(『反人種主義・差別撤廃世界会議と日本』解放出版社、2002年)。この出版物の作成は、前述の国連報告文書にも紹介されている。

(川本和弘／ヒューライツ大阪研究員)

資料2

人種差別撤廃委員会
一般的意見29(2002)
世系

2002年8月21日第61会期採択
A/57/18 p.111-117

　人種差別の撤廃に関する委員会は、

　世界人権宣言が、人はその尊厳および権利において生まれながらにして自由かつ平等であり、同宣言が定める権利および自由を「人種、皮膚の色、性、言語、宗教、社会的出身、出生または他の地位」を含むいかなる差別もなしに享有する権利を有すると規定していることを想起し、

　「世界人権会議ウィーン宣言」が、政治的、経済的および文化的体制の如何にかかわらず、すべての人権および基本的自由を促進し、および保護することが国家の責務であると規定していることをも想起し、

　「人種主義、人種差別、外国人排斥および関連のある不寛容に反対するダーバン世界会議」の宣言および行動計画を衷心より支持した、委員会の「一般的な性格を有する勧告XXVIII」を再確認し、

　ダーバン宣言および行動計画における、アジア系およびアフリカ系の者(Asian and African descent)、ならびに先住民およびその他の形態の世系を共有する者への差別に対する非難をも再確認し、

　「人種、皮膚の色、世系又は民族的若しくは種族的出身」に基づく差別の撤廃を求める、「あらゆる形態の人種差別の撤廃に関する国際条約」の規定に委員会の行動の根拠を置き、

　条約1条1項における「世系」という文言が「人種」のみを指すものではなく、その他の差別禁止事由を補完する意味および適用範囲を有するという、委員会の一貫した見解を確認し、

　「世系」に基づく差別がカーストおよびそれに類似する地位の世襲制度(systems of inherited status)等の、人権の平等な享有を妨げ、または害する社会階層化の形態に基づく集団の構成員に対する差別を含むことを強く再確認し、

　かかる差別の存在が、委員会による多数の条約締約国の報告書の検討から明らかになりつつあることに留意し、

　世系に基づく差別に関するテーマ別協議を企画し、かつこれを実施し、委員会の委員の貢献、ならびに、いくつかの政府および他の国際連合の諸機関の委員、とくに「人権の促進および保護に関する小委員会」の専門家の貢献を得、

　世界のさまざまな地域における世系に基づく差別の程度およびその存続状況に関するいっそうの証拠を委員会に提供した、多数の関係民間団体および個人による、口頭または書面による貢献をも得、

　世系に基づく差別という惨禍を撤廃し、当該差別によって被害を受けている集団の自立を促進するために、あらゆるレベルの国内の法令および慣行において、新たな努力および現在行われている努力の強化が必要であると結論し、

世系に基づく差別を撤廃し、およびそれがもたらす被害状況を改善するための措置をとってきた諸国の努力を推賞し、

　未だこの現象を認識し、およびこれに対処していない関係諸国に対して、かかる行動をとる措置をとることを強く奨励し、

　世系に基づく差別の問題に関して、委員会と政府との間の対話が行われてきた積極的な精神を想起し、かかる建設的な対話がさらに継続されることを期待し、

　あらゆる形態の世系に基づく差別と闘うために、現在行われている作業に最高度の重要性を付与し、

　カーストおよびそれに類似する地位の世襲制度等の世系に基づく差別を条約違反として強く非難し、

　締約国に対して、自国の特定の諸状況の下で適当な以下の措置のすべてまたはいくつかのものを採用するよう勧告する。

1.一般的な性格を有する措置

　(a)自国の管轄の下にある世系を共有する集団、とくに、カーストおよびそれに類似する地位の世襲制度に基づく差別を受けている集団の存否を確認するための措置をとること。当該集団の存在は、次のすべてまたはいくつかのものを含むさまざまな要素を基礎として認識しうる場合がある。世襲された地位を変更することができないか、またはそれが制限されていること。集団外の者との婚姻について社会的に強制される制約があること。住居および教育、公的な場所および礼拝所、ならびに食料および水の公的供給所の利用における隔離を含む、私的および公的隔離。世襲された職業または品位を傷つけるもしくは危険な作業を放棄する自由が制限されていること。債務奴隷制に服していること。けがれまたは不可触という非人間的な理論に服していること。ならびに、人間の尊厳および平等に対する尊重が一般的に欠けていること。

　(b)世系に基づく差別の明示的な禁止を自国の憲法に組み入れることを検討すること。

　(c)条約に従い、世系に基づくあらゆる形態の差別を禁止するために、立法を再検討し、および制定し、または修正すること。

　(d)現行の立法その他の措置を断固として実施すること。

　(e)世系を共有する集団の構成員に対する差別を撤廃するため、被害を受けている集団の構成員の参加を得て、条約1条および2条に基づく特別措置を含む、包括的な国家戦略を作成し、およびこれを実行すること。

　(f)人権および基本的自由の享有を確保するため、とくに、公職、雇用および教育を利用する権利に関して、世系を共有する集団に対する特別優遇措置をとること。

　(g)既存の制度の強化または特別の制度の創設を通じて、世系を共有する集団の平等な人権の尊重を促進するための制定法上の制度を確立すること。

　(h)世系に基づく差別の被害者の状態に対処するための積極的差別是正措置の重要性について、一般公衆を啓発すること。

　(i)世系を共有する集団の構成員と、他の社会集団の構成員との間の対話を奨励すること。

　(j)世系に基づく差別の現状について定期的調査を実施すること、ならびに、世系を共有する集団の地理的分布ならびに経済的および社会的状況に関して、ジェンダーの視点を含めて、委員会に提出する自国の報告書の中で細分化した情報を提供すること。

2. 世系を共有する集団の女性構成員に対する複合差別

(k)計画され、および実施されるすべての計画およびプロジェクトならびに採用された措置において、複合差別、性的搾取および強制売春の犠牲者としての、当該集団の女性構成員の状況を考慮に入れること。

(l)女性に対する世系に基づく差別を含む複合差別、とくに身体の安全、雇用および教育の分野における複合差別を撤廃するために必要なすべての措置をとること。

(m)世系に基づく差別によって被害を受けている女性の状況に関する、細分化されたデータを提供すること。

3. 隔離

(n)世系を共有する集団の隔離を生じさせる趨勢を監視し、および報告すること、ならびに、かかる隔離から生ずる負の諸結果の根絶のために努力すること。

(o)住居、教育および雇用における隔離を含む、世系を共有する集団の構成員に向けられた隔離の慣行を防止し、禁止および撤廃することに着手すること。

(p)すべての者に対して、平等および非差別を基礎として、一般公衆の使用を目的とするあらゆる場所またはサービスを確保すること。

(q)被害を受けている集団の構成員と社会の他の構成員とが統合される混合社会を促進するための措置をとること、ならびに、かかる定住のためのサービスを社会の他の構成員と平等に利用しうることを確保するための措置をとること。

4. マスメディアおよびインターネットを媒介とするものを含む憎悪表現の流布

(r)カーストの優越性もしくは劣等性の思想、または世系を共有する集団に対する暴力、憎悪もしくは差別を正当化することを企てる思想のあらゆる流布に対抗する措置をとること。

(s)インターネットを媒介としてなされるものを含む、当該集団に対する差別または暴力のあらゆる扇動に対する厳格な措置をとること。

(t)メディアに従事する者に対して、世系に基づく差別の性格および発生状況に関する自覚を促進する措置をとること。

5. 司法

(u)世系を共有する集団のすべての構成員に対して、法的扶助の供与、集団訴訟の促進、および当該集団の権利を擁護する民間団体の奨励によるものを含む、司法制度の平等な利用を確保するために必要な措置をとること。

(v)妥当な場合には、司法上の決定および公的行為が、世系に基づく差別の禁止を十分に考慮に入れることを確保すること。

(w)当該集団の構成員に対する犯罪を実行した者の訴追、およびかかる犯罪の被害者に対する十分な賠償の供与を確保すること。

(x)警察その他の法執行機関への、世系を共有する集団の構成員の募集を奨励すること。

(y)世系を共有する集団に対する偏見に基づく不正義を防止するため、公務員および法執行機関に対する訓練計画を企画し、かつこれを実施すること。

(z)警察その他の法執行機関と当該集団の構成員との間の建設的対話を奨励し、および促進すること。

6.市民的および政治的権利

(aa)関係国のあらゆるレベルの当局が、世系を共有する集団の構成員に影響を及ぼす決定を行うに際して、当該集団の構成員を関与させることを確保すること。

(bb)世系を共有する集団の構成員に対して、平等かつ普通の選挙権に基づく選挙に投票および立候補によって参加する権利を保障するための、ならびに行政機関および立法機関に相応に代表されるための、特別かつ具体的な措置をとること。

(cc)当該集団の構成員に対して、公的および政治的生活に積極的に参加することの重要性に対する自覚を促進すること、ならびに、かかる参加の障害を撤廃すること。

(dd)世系を共有する集団に属する公務員および政治的代表者の政治的政策決定能力および公務遂行能力を向上させるための訓練計画を企画し、かつこれを実施すること。

(ee)世系を理由とする暴力の再発を防止するため、かかる暴力が生じやすい分野を特定するための措置をとること。

(ff)世系を共有する集団の構成員であって、当該集団外の者との婚姻を希望する者に婚姻の権利を確保するための断固たる措置をとること。

7.経済的および社会的権利

(gg)平等かつ非差別を基礎とする経済的および社会的発展計画を入念に作成し、採用し、および実施すること。

(hh)世系を共有する集団にみられる貧困を根絶し、および、当該集団の社会的排除または周縁化と闘うための実質的かつ効果的な措置をとること。

(ii)国際金融機構を含む国際機構が支援する開発計画または援助計画が世系を共有する集団の構成員の経済的および社会的状況を考慮に入れることを確保するため、当該国際機構と協働すること。

(jj)公的部門および私的部門における、被害を受けている集団の構成員の雇用を促進する特別措置をとること。

(kk)雇用および労働市場における、世系に基づくあらゆる差別的慣行をとくに禁止する立法および慣行を開発し、または改善すること。

(ll)雇用希望者の世系如何を調査する公的機関、私的企業およびその他の団体に対する措置をとること。

(mm)被害を受けている集団の構成員に対する居住および十分な住居の利用に関する地方当局または私的所有者の差別的慣行に対する措置をとること。

(nn)世系を共有する集団の構成員に対する衛生および社会保障サービスの平等な利用を確保すること。

(oo)衛生計画を立案し、および実施するに際して、被害を受けている集団を関与させること。

(pp)世系を共有する集団の児童が搾取的児童労働にとくにさらされやすいことに対処するための措置をとること。

(qq)債務奴隷、および世系に基づく差別に関連する品位を傷つける労働条件を撤廃するための断固たる措置をとること。

8.教育を受ける権利

(rr)公的および私的教育組織がすべての集団の児童を含むこと、ならびに、当該組織が世系に基づくいかなる児童の排除をも行わないことを確保すること。

(ss)学校において、すべての集団の児

童、とくに、被害を受けている集団の児童のドロップアウト率を減少させること。その際、少女の状況にとくに注意を払うものとする。

（tt）世系を共有する集団の構成員である生徒に対する公的または私的機関による差別、およびいかなる嫌がらせに対しても、これと闘うこと。

（uu）市民社会と協力して、世系に基づく差別を受けている集団に対する非差別および尊重の精神に基づき住民全体を啓発するために必要な措置をとること。

（vv）教科書に見られる、世系を共有する集団に関するステレオタイプまたは品位を傷つける肖像、言語、名前もしくは意見を伝達するすべての言葉を再検討し、それを、すべての人間の固有の尊厳および人権の享有における平等というメッセージを伝達する肖像、言語、名前および意見に置き換えること。

（訳注）「世系（せいけい）」という言葉は、血統や系統など、先祖から子孫へと受け継がれていることを示す言葉である。日本語として耳なれない言葉であるが、次の2つの理由により、この訳語を用いる。

第1に、「世系」という言葉は、英語正文のdescentの公定訳において用いられているものであり、人種差別撤廃条約に関する諸論稿ではこの訳語が一般に用いられている。

第2に、「世系」という言葉を用いることがむしろ適当である。この一般的勧告において見られる「地位の世襲制度（systems of inherited status）」という言葉からも明らかなように、descentという文言は門地や出生といった言葉と類似する意味をもつが、それらと同一の意味をもつものではない。たとえば、この一般的勧告の前文ではpersons of Asian and African descentという表現が見られるが、これを「アジアおよびアフリカ門地」などと訳出することは必ずしも適当ではない。

また、この翻訳では、descent-based discriminationやdiscrimination based on descentといった表現には「世系に基づく差別」という訳語を、descent-based groupsやdescent-based communitiesといった表現には「世系を共有する集団」という訳語を用いた。これらも日本語表現としては耳慣れない言葉であるが、descentの訳語として「世系」という言葉を用いる以上、同一の訳語を使用することが必要であるため、このように訳出した。

「世系に基づく差別」は、個人の血統や血筋などを理由としてなされる差別を意味する。また、「世系を共有する集団」は、血統や出自などを同じくする人々の集団や社会のことを意味する。なお、groupsとcommunitiesは、ともに「集団」と訳出した。両者に特段の区別はないように思われるからである。

（訳：村上正直／大阪大学教授・IMADR-JC企画運営委員）

資料3

自由権規約委員会
一般的意見30(2002)
規約40条に基づく締約国の報告義務

2002年7月16日第75会期採択
CCPR/C/21/Rev.2/Add.12

本一般的意見は、前の一般的意見1を差し換えるものである。

1.締約国は、当該締約国についてこの規約が効力を生ずるときから1年以内に、その後は委員会が要請するときに、規約40条に従って、報告を提出することを約束している。

2.委員会は、その年次報告書で見られるように、わずかな数の締約国しか期日どおりに報告の提出を行ってきていないことに留意する。締約国のほとんどが、報告書の提出を、数カ月から数年にわたって遅延しており、いくつかの締約国は、委員会が繰り返し督促しているにもかかわらず、今もなお報告の提出を行っていない。

3.他の国家は、委員会に出席するとの旨を公表しているにもかかわらず、定められた期日に出席していない。

4.委員会は、かかる状況を改善するために、次の新しい規則を採択する。

(a)もし、ある締約国が報告の提出を行ってはいるが、代表団を委員会に派遣しない場合、委員会は、その締約国に対して、委員会がその報告の検討を予定している期日を通知することができ、または当初に予定されていた会合(meeting)において、報告の検討を開始することができる。

(b)ある締約国が、報告を提出してきていない場合、委員会は、その裁量で、その締約国に対して、規約に基づいて保障される権利の実施のためにその締約国がとった措置に関する審査を行うことを委員会が予定している期日を、締約国に通知することができる。

(i)もし、締約国が代表団を派遣する場合、委員会は、代表団が出席するなかで、指定された期日に、審査を開始することになる。

(ii)もし、締約国が代表団を派遣しない場合、委員会は、その裁量で、当初の期日に、規約の保障を実施をするために締約国がとった措置の検討を開始することができ、または新しい期日を締約国に通知することができる。

これら手続を適用するために、委員会は、その会合を、代表団が出席する場合には公開の会議(session)で、代表団が出席しない場合には非公開の会議で行う。そして委員会は、そのような会合を行うに際して、報告ガイドラインと委員会の暫定手続規則で定められた方式に従う。

5.委員会は、総括所見採択後、締約国との対話を確立し、維持し、または回復するために、フォローアップ手続をとらなければならない。この目的のために、そして委員会がさらなる行動をとることができるために、委員会は、特別報告者を任命し、この者が委員会に報告することになる。

6.委員会は、特別報告者の報告に照らして、締約国がとる姿勢(position)を判断し、必要に応じて、締約国が次回の報告を提出する新しい期日を指定する。

(訳：藤本晃嗣／大阪大学大学院国際公共政策研究科後期課程)

資料4

社会権規約委員会一般的意見15（2002）
水に対する権利（11・12条）

2003年1月20日第29会期採択
E/C.12/2002/11

I. 序

1. 水は有限の天然資源であり、生命と健康にとって基本的な公共財である。水に対する人権は、人間が尊厳をもった生活を営むのに不可欠である。委員会は、水に対する権利の否定が途上国のみならず先進国においても広範に見られることにつねに直面してきた。10億人以上の人々が基本的な水の供給への、また数十億人が十分な下水設備へのアクセスを有さず、そのことが水の汚染や水に関連した疾病の主要な原因となっている[1]。水の汚染、枯渇および不均衡な配分が続いていることは、貧困の現状を悪化させている。締約国は、本一般的意見に述べられているように、水に対する権利を差別なく実現するために実効的な措置をとらなければならない。

水に対する権利の法的基盤

2. 水に対する人権は、すべての者に、個人的および家庭内での使用のための十分で安全な、受け入れられる、物理的にアクセス可能かつ経済的に負担可能な水に対する権利を与えるものである。十分な量の安全な水は、脱水による死亡を防止し、水関連の疾病のリスクを軽減し、また、飲用、調理、個人的および家庭内での衛生のために必要である。

3. 規約11条1項は、「十分な〔adequate；政府訳では「相当な」〕食料、衣類および住居を含む〔including；政府訳では「内容とする」〕」十分な生活水準についての権利の実現から生じ、かつそれに不可欠ないくつかの権利を具体的に述べている。「含む」という語が用いられていることは、この権利のカタログが網羅的なものという趣旨ではないことを示している。水に対する権利は、生存のための最も基本的な条件のひとつであるから、明らかに、十分な生活水準の確保のために不可欠な保障の部類に入る。さらに、委員会はすでに、水は11条1項に含まれる人権であることを認めている（一般的意見6（1995）を見よ）[2]。水に対する権利はまた、到達可能な最高水準の健康についての権利（12条1項）[3]ならびに、十分な住居および十分な食料に

---

[1] 2000年に世界保健機関（WHO）は、11億の人々が、1日に1人当たり少なくとも20リットルの安全な水を供給できる満足な水の供給へのアクセスをもたないと推計している（その8割は農村住民である。WHO, *The Global Water Supply and Sanitation Assessment 2000*, Geneva, 2000, p.1を見よ）。さらに、毎年23億人の人々が、水に関連した疾病で苦しんでいる。United Nations, Commission on Sustainable Development, *Comprehensive Assessment of the Freshwater Resources of the World*, New York, 1997, p. 39を見よ。
[2] 高齢者の経済的、社会的および文化的権利に関する委員会の一般的意見6（1995）の5項および32項を見よ。
[3] 達成可能な最高水準の健康についての権利に関する一般的意見14（2000）の11項、12項(a)・(b)・(d)、15項、34項、36項、40項、43項、51項を見よ。

対する権利(11条1項)4)にも分かちがたく関連している。この権利はまた、国際人権章典に掲げられたその他の権利と併せて捉えられるべきであり、その最たるものは生命権と人間の尊厳である。

4.水に対する権利は、条約、宣言およびその他の基準を含む幅広い国際文書の中で認められてきた5)。たとえば、女子に対するあらゆる形態の差別の撤廃に関する条約の14条2項は、締約国は「十分な(adequate；政府訳では「適当な」)生活条件(とくに、……水の供給)を享受する」権利を女性に確保しなければならないと規定している。子どもの権利条約の24条2項は締約国に、「十分に栄養のある食物および清潔な飲料水の供給を通じて」疾病および栄養不良と闘うことを要求している。

5.水に対する権利は、経済的、社会的及び文化的権利に関する国際規約16・17条の下で締約国から提出される報告の形式および内容に関する改定一般ガイドラインに従い、締約国の報告の審議の際に、また委員会の一般的意見の中で、委員会がつねに扱ってきたものである。

6.水は、個人的および家庭内での使用のほかにも、規約上の権利の多くの実現のための幅広いさまざまな目的のために要求される。たとえば、水は食料の生産に(十分な食料に対する権利)、また環境衛生の確保のために(健康についての権利)必要である。水は生計の確保のため(労働によって生計を立てる権利)、また一定の文化活動を行うため(文化的生活に参加する権利)に不可欠である。しかし、水の配分における優先順位は、個人的および家庭内での使用のための水に対する権利に与えられなければならない。また、飢餓および疾病の防止のために必要な水資源、ならびに規約上の各権利の中核的義務を充足するために必要な水にも、優先順位が与えられるべきである6)。

水と規約上の権利

7.委員会は、十分な食料に対する権利を実現する農業のために、持続可能な水資源へのアクセスを確保することの重要性を注記する(一般的意見12(1999)7)を見よ)。農民女性を含む、不利な状況にありまた疎外されている農民が、水ならびに、持続可能な雨水の取入れおよび灌漑技術を含む水管理システムへの公平なアクセスをもつことを確保するために、注意

---

4) 一般的意見4(1991)の8項(b)を見よ。2001年4月20日の人権委員会決議2001/28に従って提出された、十分な生活水準についての権利の一要素としての十分な住居に対する権利に関する人権委員会特別報告者Miloon Kothariの報告書(E/CN.4/2002/59)も見よ。十分な食料に対する権利に関しては、2001年4月20日の人権委員会決議2001/25に従って提出された、食料に対する権利に関する委員会特別報告者Jean Zieglerの報告書(E/CN.4/2002/58)を見よ。

5) 女子に対するあらゆる形態の差別の撤廃に関する条約14条2項(h)、子どもの権利条約20条、26条、29条、捕虜の取扱いに関するジュネーブ条約46条、戦時における文民の取扱いに関するジュネーブ条約85条、89条、127条、1977年のジュネーブ条約第1追加議定書54条、55条、1977年の第2追加議定書5条、14条、国連水会議のマル・デル・プラタ行動計画前文、1992年6月3～14日のリオデジャネイロ国連環境開発会議報告書アジェンダ21の18.47項(A/CONF.151/26/Rev.1(Vol.I and Vol.I/Corr.1, Vol.II, Vol.III and Vol.III/Corr.1)(United Nations publication, Sales No. E.93.I.8), vol I: *Resolutions adopted by the Conference*, resolution 1, annex II、水と環境に関する国際会議の、水と持続可能な発展に関するダブリン宣言の原則3(A/CONF.151/PC/112)、1994年9月5～13日のカイロ国連人口開発会議報告書行動計画の原則2(United Nations publication, Sales No. E. 95. XIII. 18) chap.I, resolution 1, annex、水資源に関するヨーロッパ憲章に関する加盟国閣僚委員会勧告14(2001年)5項、19項、飲料水に対する権利の実現に関する国連人権保護促進小委員会の決議2002/6。飲料水の供給および下水設備についての権利に関する人権小委員会特別報告者El Hadji Guisséによって提出された、経済的、社会的および文化的権利の享受と飲料水供給および下水設備についての権利の関係に関する報告書(E/CN.4/Sub.2/2002/10)も見よ。

6) 持続可能な発展に関する世界サミットの2002年実施計画25項(c)も見よ。

7) このことは、十分な食料に対する権利の利用可能性とアクセス可能性の双方に関連する(一般的意見12(1999)の12項、13項を見よ)。

が払われるべきである。人々が「生存の手段を奪われ」てはならないと規定した規約1条2項の義務に留意し、締約国は、生存のための農業および、先住民の人々の生活の確保のための水への十分なアクセスがあることを確保すべきである8)。

8.規約12条2項(b)に基づく健康についての権利の一側面としての環境衛生は、危険かつ有害な水の状態による健康への脅威を防止するために無差別を原則として措置をとることを含む9)。たとえば、締約国は、天然の水資源が有害物質や病原菌による汚染から保護されることを確保すべきである。同様に、締約国は、人間の生活環境にとって危険を及ぼす場合には、水中の生態系が疾病媒介動物の棲みかとなる状況を監視し、かつそれに対する措置をとるべきである10)。

9.締約国による規約の実施と報告義務の履行を援助するため、本一般的意見は第Ⅱ部では、11条1項および12条における水に対する権利の規範内容、第Ⅲ部で締約国の義務、第Ⅳ部で違反、第Ⅴ部で国内レベルの実施についてそれぞれ焦点を当てる。締約国以外の主体の義務については、Ⅵ部で扱われる。

Ⅱ.水に対する権利の規範内容

10.水に対する権利は、自由(freedoms)と権利(entitlements)の双方を含む。自由には、水に対する権利に必要な現存の水資源へのアクセスを保持する権利、および、水資源の恣意的な切断や汚染を受けない権利のような、干渉からの自由をもつ権利が含まれる。これに対して、権利には、人々が水に対する権利を享受する平等な機会を与える水資源のシステムについての権利を含む。

11.水に対する権利の諸要素は、11条1項および12条に従い、人間の尊厳、生命および健康にとって十分(adequate)なものでなければならない。水の十分さは、単なる体積の量や技術との関連だけで狭く解釈されるべきではない。水は、主にひとつの経済的な財としてではなく、社会的および文化的な財として扱われなければならない。水に対する権利の実現方法はまた、持続可能なものでなければならず、この権利が現在および将来の世代に実現されることを確保すべきものである11)。

12.水に対する権利に必要とされる水の十分さはさまざまな状況によって異なりうるが、以下の諸要素はすべての状況で当てはまる。

(a) **利用可能性**(Availability)。各人にとっての水の供給は、個人的および家庭内での使用のために十分かつ継続的なものでなければならない12)。こうした使用には、通常、飲用、人の下水設備、衣服の洗濯、食物の準備、個人および家庭の衛

---

8)国際水路の非航行的利用の法に関する国連条約に添付の了解事項宣言も見よ(A/51/869、1997年4月11日)。そこでは、水路の使用をめぐる紛争の際に人間の死活的ニーズを決定するにあたっては、「飲料水および飢餓防止のための食料生産に必要な水の双方を含め、人命を維持するのに十分な水を供給することに特別の注意が払われなければならない」と宣言されている。
9)一般的意見14の15項も見よ。
10)WHOの定義によれば、媒介動物による疾病には、昆虫によって伝染する疾病(マラリア、フィラリア病、デング熱、日本脳炎、黄熱)、水生軟体動物が媒介となる疾病(住血吸虫病)、脊椎動物が保菌者となる動物寄生病が含まれる。
11)持続可能性の概念については、1992年6月3〜14日のリオデジャネイロ国連環境開発会議報告書環境開発宣言1、8、9、10、12、15、およびアジェンダ21、とくに原則5.3、7.27、7.28、7.35、7.39、7.41、18.3、18.8、18.35、18.40、18.48、18.50、18.59、18.68を見よ。
12)「継続的」とは、水の供給が定期的にあることが個人的および家庭内での使用のために十分であることを意味する。

生が含まれる13)。各人が利用できる水の量は、世界保健機関（WHO）ガイドラインに沿うべきである14)。個人および集団によっては、健康、気候および労働条件のために、付加的な水が必要な場合もあろう。

(b) **質**。個人的または家庭内での使用のために必要な水は安全でなければならず、したがって、人の健康にとって脅威となる微生物、化学物質および放射性危険物のないものでなければならない15)。さらに、水は、各人または家庭内での使用にとって受け入れられる色、臭いおよび味のものであるべきである。

(c) **アクセス可能性**(Accessibility)。水、水の設備および供給は、締約国の管轄内にあるすべての者に差別なくアクセス可能でなければならない。アクセス可能性には、4つの互いに重複する側面がある。

(i) **物理的なアクセス可能性**(Physical accessibility)。水、十分な水の設備および供給が、人口のすべての部分の人にとって物理的に安全に手が届くものでなければならない。十分で、安全で受け入れられる水が、各家庭、教育施設および職場の中またはその直近でアクセス可能でなければならない16)。すべての水の設備および供給は、十分な質をもち、文化的に適切で、ジェンダー、ライフ・サイクルおよびプライバシーの要求に敏感なものでなければならない。水の設備および供給へアクセスしている間に、身体的安全が脅かされるべきではない。

(ii) **経済的なアクセス可能性**(Economic accessibility)。水、水の設備および供給は、すべての者にとって負担可能なものでなければならない。水の確保に関連する直接および間接の費用および料金は負担可能なものでなければならず、規約上の他の権利の実現を害したり脅かしたりするものであってはならない。

(iii) **無差別**。水、水の設備および供給は、人口の最も脆弱な、または疎外された部分の人々を含むすべての者に対して、法律上も事実上も、禁止された事由に基づく差別なくアクセス可能でなければならない。かつ、

(iv) **情報の利用可能性**(Information accessibility)。アクセス可能性には、水の問題に関する情報を求め、受け、および伝える権利を含む17)。

幅広く適用される特別なことがら
無差別・平等

13. 水に対する権利が差別なく（2条2項）、かつ男女平等に（3条）享受されることを保障する締約国の義務は、規約上のすべての義務を貫通するものである。かくして規約は、水に対する権利の平等の享受または行使を無効にし、または害する

---

13) この文脈において、「飲用」とは飲料や食品を通して消費するための水を意味する。「人の下水設備」とは人間の排泄物の処理のことである。水を基本とした手段がとられている場合には、水は人の下水設備にとって必要である。「食物の準備」には、水が食物に取り入れられるか食物と接触するかを問わず、食品衛生および食料品の準備を含む。「個人および家庭の衛生」とは、個人的な清潔さおよび家庭環境の衛生を意味する。
14) J. Bartram and G. Howard, "Domestic water quantity, service level and health: what should be the goal for water and health sectors", WHO, 2002を見よ。P. H. Gleick, "Basic water requirements for human activities: meeting basic needs", *Water International*, 21, 1996, pp. 81-92も見よ。
15) 締約国は、「適切に実施されれば、健康にとって危険があるとわかっている水の内容物の除去または最低限の濃度までの削減を通して飲用水資源の安全性を確保するような国内基準を発展させるための土台として用いられることを意図した」。WHO, *Guidelines for drinking-water quality*, 2nd ed., vols. 1-3 (Geneva, 1993)を参照してほしい。
16) 一般的意見4 (1991)の8項(b)、一般的意見13 (1999)の6項(a)、および一般的意見14 (2000)の8項(a)・(b)も見よ。家庭には、定住もしくは準定住の住居、または一時的な停泊所を含む。
17) 本一般的意見の48項を見よ。

意図または効果をもつ、人種、皮膚の色、性、年齢、言語、宗教、政治的もしくはその他の意見、国民的もしくは社会的出身、財産、出生、身体的もしくは精神的障害、健康状態（HIV/AIDSを含む）、性的指向、および市民的、政治的、社会的もしくはその他の地位に基づくいかなる差別をも禁じている。委員会は、資源の深刻な制約時にあっても、比較的低費用の、的を絞った計画を採択することによって社会の脆弱な構成員が保護されなければならないと述べた一般的意見3（1990）を想起する。

14.締約国は、個人または集団が水についての権利の達成に必要な手段や権利を奪われている場合には、禁止された事由に基づく事実上の差別を除去するための措置をとるべきである。締約国は、水資源の配分、および水に関する投資が、社会のすべての構成員にとっての水へのアクセスを促進するものであることを確保するべきである。不適切な資源配分は、直截的とはかぎらない差別につながることがある。たとえば、投資は、人口のはるかに多くの部分の人々の利益となる供給および設備への投資よりは、往々にして少数の、特権的な一部の人々のみがアクセスできる高価な水資源の供給および設備のほうを利するものであるべきではない。

15.水に対する権利に関して、締約国は、十分な資力をもたない人々に対して、必要な水および水の設備を供給し、また水および水の供給において国際的に禁止された事由に基づく差別を防止する特別の義務を負っている。

16.水に対する権利はすべての者に適用されるが、締約国は、女性、子ども、少数者の集団、先住民、難民、亡命希望者、国内避難民、移住労働者、収監者および被拘禁者を含め、この権利の行使において従来から困難に直面してきた個人および集団に対して特別の注意を払うべきである。締約国は、以下のことを確保するために措置をとるべきである。

(a)女性が、水資源および権利に関する意思決定過程から排除されないこと。水汲みにおいて女性が負っている不均衡な負担は軽減されるべきである。

(b)子どもが、教育施設および家庭における十分な水の不足のため、または水汲みの負担のために、人権の享受を妨げられないこと。現在十分な飲料水がない教育施設への十分な水の供給は、緊急の問題として対処されるべきである。

(c)農村地域および都市の貧困地域が、適切に運営された水の設備に対するアクセスを有すること。インフォーマルな住居およびホームレスの人々を含め、都市の貧困地域は、適切に運営された水の施設に対するアクセスをもつべきである。いかなる家庭も、住居または土地の状態を理由にして水についての権利を否定されるべきではない。

(d)先住民の人々の、先祖の土地における水資源へのアクセスが、侵害および違法な汚染から保護されること。国は、先住民の人々の水へのアクセスを計画、実施および管理するために、これらの人々に資源を与えるべきである。

(e)遊牧民社会および放浪民社会が、伝統的な、および選択した停泊地で十分な水へのアクセスを有すること。

(f)キャンプにいるか、都市および農村地域にいるかにかかわらず、難民、亡命希望者、国内避難民および帰還者が十分な水へのアクセスを有すること。難民および亡命希望者は、国民に与えられるのと同じ条件で、水に対する権利を与えられるべきである。

(g)収監者および被拘禁者は、国際人道法および国連被拘禁者処遇最低基準規則の要求に留意しつつ、日常の個人的

要求に十分かつ安全な水を与えられること18)。

(h)高齢者、障害をもった人、自然災害の被害者、災害頻発地に住む人々、不毛な、および不毛に近い地域、もしくは小さな島々に住む人々のように、水への物理的なアクセスに困難がある集団に、安全かつ十分な水が供給されること。

III.締約国の義務

一般的な法的義務

17.規約は漸進的実現を規定し、利用可能な資源の限界による制約を認めているが、締約国に対し、即時的効果をもつさまざまな義務を課してもいる。締約国は、水に対する権利に関して、この権利がいかなる差別もなく行使されることの保障（2条2項）、ならびに、11条1項および12条の完全な実現に向けて措置をとる義務（2条1項）のような即時の義務を負っている。そのような措置は、水に対する権利の完全な実現に向けて、意図的、具体的かつ的を絞ったものでなければならない。

18.締約国は規約の下で、水に対する権利の完全な実現に向けて可能なかぎり迅速かつ効果的に移行するという常時の、継続的な義務を負っている。すべての締約国は、規約のすべての他の権利についてと同様、水、技術、財政資源および国際的援助を含む幅広い範囲の資源に対し管理を行っているのであるから、この権利の実現は達成可能であり実行可能なはずである。

19.水に対する権利に関して、後退的な措置をとることは規約上禁止されるという強い推定がある19)。いかなる意図的な後退的措置がとられた場合にも、締約国は、それがすべての選択肢を最も慎重に考慮したうえで導入されたこと、および、締約国の利用可能な最大限の資源の完全な利用という文脈において、規約に規定された権利の全体との関連でその措置が適切に正当化されるということを証明する責任を負う。

20.水に対する権利は、すべての人権と同様、締約国に対し3つの型の義務を課す。それは、**尊重**の義務、**保護**の義務、および**充足**の義務である。

(a)**尊重の義務**（obligation to respect）

21.**尊重**の義務は、締約国が水に対する権利の享受に直接または間接に干渉することを控えることを要求する。この義務には、とりわけ、十分な水への平等なアクセスを否定し、または制限する、いかなる慣行または活動に関わることをも控えること、慣習的または伝統的な水配分の方法に恣意的に干渉することをも控えること、国有の施設から出る廃棄物や武器の使用および実験などによって違法に水を減少させ、または汚染することをも控えること、ならびに、武力紛争の際などに、国際人道法に違反して、懲罰的手段として水の供給およびインフラストラクチャーへのアクセスを制限したり、破壊したりすることを控えることが含まれる。

22.委員会は、武力紛争、緊急事態および自然災害の際にも、水に対する権利は、締約国が国際人道法の下で負っている義務を包含することを注記する20)。これには、飲料水の設備、資源および灌漑工事を含め、文民の生存に不可欠な物資を保

18) 1949年8月12日のジュネーブ第3条約20条、26条、29条、46条、1949年8月12日のジュネーブ第4条約85条、89条、127条、国連被拘禁者処遇最低基準規則15条、20条2項を見よ（*Human Rights: A Compilation of International Instruments*, United Nations publication, Sales No. E. 88. XIV. 1).
19) 一般的意見3（1990）の9項を見よ。
20) 人権法と人道法の関係について、委員会は、「核兵器の脅威または使用の合法性（国連総会による意見要請）」における国際司法裁判所の結論を注記する（ICJ Reports (1996), p. 226, para. 25)。

護すること、広範で長期的、かつ深刻な被害から自然環境を保護すること、ならびに、文民、被収容者および収監者の十分な水へのアクセスを確保することが含まれる21)。

(b) **保護の義務**(obligation to protect)

23. **保護**の義務は、締約国に対し、第三者がなんらかのかたちで水に対する権利の享受に干渉することを防止するよう要求する。第三者には、個人、集団、企業、その他の団体、ならびに、国の権限下で活動する機関が含まれる。この義務には、とりわけ、第三者が十分な水への平等なアクセスを否定すること、天然資源を含む水資源、井戸およびその他の水配分システムを汚染し、ならびに不公平にそこから出水させることなどのことを制限するために、必要かつ実効的な立法その他の措置をとることが含まれる。

24. 水の供給(給水パイプ網、水タンク、川および井戸へのアクセス)が第三者によって運営され、または管理されている場合には、締約国は、それらの者が十分で安全かつ受け入れられる水への平等で、経済的に負担可能な、物理的なアクセスを損うことを防止しなければならない。そのような違法行為を防止するために、規約および本一般的意見に従って、実効的な規制の制度が作られなければならない。それには、独立の監視、真の民衆参加、および、不遵守に対し罰を科すことが含まれる。

(c) **充足の義務**(obligation to fulfill)

25. **充足**の義務は、環境整備(facilitate)の義務、促進(promote)の義務、および供給(provide)の義務に細分化できる。環境整備の義務は国家に対し、個人および共同体が権利を享受するのを支援するための積極的な措置をとることを要求する。促進の義務は国家に対し、水の衛生的な使用、水資源の保護および排水の最少化の方法に関する適切な教育があることを確保するための措置をとる義務を課す。締約国はまた、個人または集団が、自らの力の及ばない理由で、自ら用いうる手段によってこの権利を実現することができない場合には、権利を充足(供給)する義務を負っている。

26. 充足の義務は締約国に対し、水に対する権利の完全な実現に向けて必要な措置をとることを要求する。この義務には、とりわけ、できれば立法の実施によって、国内の政治体制および法制度においてこの権利に十分な認知を与えること、この権利を実現するための国内的な水戦略および行動計画を採択すること、水がすべての者にとって経済的に負担可能であることを確保すること、ならびに、とくに農村地域および都市の貧困地域において満足な、かつ持続可能な水へのアクセスを促進することが含まれる。

27. 水が経済的に負担可能であることを確保するために、締約国は必要な措置をとらなければならない。これには、とりわけ、以下のことが含まれうる。(a)一連の適切な低費用の手法および技術の利用、(b)無料または低費用の水のような適切な価格政策、および、(c)収入補助。水の供給のためのいかなる支払いも、平等原則に基づき、それらの供給が、民間で供給されるにせよ公的に供給されるにせよ、社会的に不利な状況にある集団を含めすべての者に負担可能なことを確保するものでなければならない。公平さから、貧困な家庭がより裕福な家庭に比べて水に関わる支出を不均衡に負わされるべきではない

---

21) ジュネーブ条約第1追加議定書(1977年)54条、56条、第2追加議定書(1977年)54条、1949年8月12日のジュネーブ第3条約20条、46条、1949年8月12日のジュネーブ条約共通第3条を見よ。

ことが必要とされる。

28.締約国は、現在および将来の世代のために十分かつ安全な水があることを確保するための、包括的で総合的な戦略および計画を採択すべきである22)。そのような戦略および計画には、以下のものが含まれうる。(a)持続不可能な採取、流用およびダム化による水資源の枯渇を減少させること。(b)放射線、有害な化学物質および人間の排泄物のような物質による河川流域および水関連の生態系の汚染を減少させ、および除去すること。(c)水資源を監視すること。(d)提案されている開発が、十分な水へのアクセスに干渉しないことを確保すること。(e)気候変動、砂漠化、土地の塩度の増加、森林減少および生物多様性の喪失のような、水の利用可能性および河川流域の自然の生態系を侵害するおそれのある行為の影響を評価すること23)。(f)最終的な利用者による水の効率的な利用を増加させること。(g)水の配分において排水を減少させること。(h)緊急事態のための対応メカニズム。(i)および、戦略および計画を実施するための権限ある組織および適切な制度的取決めを設定すること。

29.すべての者に十分な下水設備へのアクセスを確保することは、人間の尊厳とプライバシーにとって基本的なことであるのみならず、飲料水資源の質を保護するための主要な方法のひとつでもある24)。健康および十分な住居に対する権利に従い(一般的意見4〔1991〕および14〔2000〕)、締約国は、とくに農村地域および都市の貧困地域において、女性と子どものニーズを考慮に入れながら、安全な衛生サービスを漸進的に拡張していく義務を負っている。

国際的義務

30.規約2条1項、11条および23条1項は締約国に、国際的な協力および援助の重要な役割を認め、水に対する権利の完全な実現を達成するために共同または個別の行動をとることを要求している。

31.水に対する権利に関連する国際的義務を遵守するため、締約国は、他国におけるこの権利の享受を尊重しなければならない。国際的協力は締約国に、他国における水に対する権利の享受に直接または間接に干渉する行動を控えることを要求する。締約国の管轄内で行われるいかなる活動も、他国がその管轄内の人々のために水に対する権利を実現する能力を奪うものとなるべきではない25)。

32.締約国はいかなる場合においても、水ならびに水に対する権利の確保に不可欠な財およびサービスを阻害する制裁、またはその他の措置を課すことを控えるべきである26)。水は決して、政治的および経済的な圧力の道具として用いられるべきではない。この点で委員会は、経済

22)上記注5)アジェンダ21の5章、7章、18章、および持続可能な発展に関する世界サミット実施計画(2002年)6(a)・(l)・(m)、7項、36項、38項を見よ。
23)生物多様性条約、森林減少と闘うための条約、気候変動に関する国連枠組み条約およびその後の議定書を見よ。
24)女子に対するあらゆる形態の差別の撤廃に関する条約14条2項は、締約国は女性に対し「十分な〔政府訳では「適当な」〕生活条件(とくに、……衛生……に関する条件)」を確保しなければならないことを規定している。子どもの権利条約24条2項は締約国に対し、「社会のすべての構成員……が……衛生(環境衛生を含む)……についての基礎的な知識に関して……教育を受ける機会を有し、およびその知識の使用について支援されることを確保すること」を要求している。
25)委員会は、国際水路の非航行的利用の法に関する国連条約が、水路の公平な利用の決定にあたっては社会的および人間的ニーズが考慮される必要があること、ならびに、締約国は死活的な人間的ニーズの要求に重大な害が生じることを防止し、かつ、紛争時にはそれに特別の配慮がなされなければならないことを要求していることを注記する。

制裁と経済的、社会的および文化的権利の尊重との関係について一般的意見8（1997）で述べた立場を想起する。

33.締約国は、自国民および企業が他国の個人および社会の水に対する権利を侵害するのを防止するための措置をとるべきである。締約国が、法的または政治的手段によって、他の第三者がこの権利を尊重するよう影響を与えるための措置をとることができる場合には、そのような措置は国連憲章および適用可能な国際法に従ってとられるべきである。

34.資源の利用可能性に応じて、国は、水資源の供給、財政的および技術的援助などを通して他国における水に対する権利の実現を促進し、かつ必要な場合には援助を提供すべきである。難民や避難民への援助を含む災害救援および緊急援助の際には、十分な水の供給を含め、規約上の権利に優先順位が置かれるべきである。国際的な援助は、規約および他の人権基準に合致した方法で行われ、かつ、持続可能で文化的に適切なものであるべきである。経済的に発展した締約国は、この点で、より貧しい途上国を援助する特別の責任および利益を有する。

35.締約国は、水に対する権利が国際協定の中で正当な注意を払われることを確保すべきであり、かつそのために、さらなる法文書の作成を検討すべきである。他の国際的および地域的協定の締結および実施に関しては、締約国は、それらの文書が水に対する権利に悪影響を与えないことを確保するための措置をとるべきである。貿易の自由化に関する協定は、水に対する権利の完全な実現を確保する一国の能力を削減し、または抑制するものであるべきではない。

36.締約国は、国際組織の構成員としての自らの行動が、水に対する権利を正当に考慮に入れたものであることを確保すべきである。したがって、国際金融機関、なかでも国際通貨基金、世界銀行、および地域開発銀行の構成員である締約国は、それらの機関の融資政策、信用協定およびその他の国際的措置において、水に対する権利が考慮に入れられることを確保するため措置をとるべきである。

中核的義務

37.一般的意見3（1990）において委員会は、締約国は少なくとも、規約に掲げられた各権利の必要最低限のレベルの充足を確保する中核的義務があることを確認している。委員会の見解では、水に対する権利に関して少なくともいくつかの中核的義務が認められ、これらは即時的効果をもつ。

(a)最低限不可欠な量の水、すなわち、疾病を防止するための個人的および家庭内での使用のための十分で安全な水へのアクセスを確保すること。

(b)とりわけ、不利な状況にあるか、または疎外された集団のために、無差別を原則として、水、水の施設および供給へのアクセスの権利を確保すること。

(c)十分、安全かつ常時の水を供給し、水を得るのが事実上不可能になるような待ち時間を避けるために、十分な数の出水口があり、かつ、家庭から合理的な距離内にある水の施設または供給への物理的なアクセスを確保すること。

(d)水に物理的にアクセスしている間に身体的安全が脅かされないことを確保すること。

(e)利用できるすべての水の施設および

26）委員会は一般的意見8（1997）において、制裁が衛生物資および清潔な飲料水に及ぼす破壊的な影響、ならびに、制裁体制は清潔な水を供給するのに不可欠なインフラストラクチャーの補修を援助するべきことを注記した。

供給の公平な配分を確保すること。

(f)人口全体を対象とした国内の水戦略および行動計画を採択し実施すること。この戦略および実施計画は、参加および透明性のある過程によって考案され、かつ定期的に再考されるべきである。また、進歩が詳細に監視できる、水に対する権利の指標および標識のような手法を含むべきである。戦略および行動計画が考案される過程、ならびにその内容は、不利な状況にあるかまたは疎外された集団すべてに特別の注意を払うべきである。

(g)水に対する権利の実現または未実現の程度を監視すること。

(h)脆弱な、および疎外された集団を保護するため、比較的低費用の、的を絞った水計画を採択すること。

(i)とくに、十分な下水設備へのアクセスを確保し、水に関連した疾病を防止、治療および制御するための措置をとること。

38.疑問を避けるために、委員会は、途上国が上記の37項で示された中核的義務を果たすことができるようにする国際的な援助および協力、とくに経済的および技術的な援助および協力を行うことは、とりわけ締約国、および援助できる立場にあるその他の主体にかかる義務であることを強調したい。

IV.違反・侵害

39.水に対する権利の規範内容(第II部)が締約国の義務(第III部)に適用されると、水に対する権利の侵害の認定を容易にするプロセスが作動する。以下の項は、水に対する権利の侵害を例示したものである。

40.一般的および具体的な義務を遵守していることを示すため、締約国は、水に対する権利の実現に向けて必要かつ可能な措置をとったことを立証しなければなら

ない。国際法に従い、そのような措置を誠実にとることを怠ることは、この権利の侵害となる。締約国は、上記の37項に述べられた逸脱不可能な中核的義務の不遵守を正当化することはできない、ということが強調されなければならない。

41.どのような作為または不作為が水に対する権利の侵害となるかを決定するにあたっては、水に対する権利に関する義務を締約国が遵守する能力がないこと(inablity)と、怠慢(unwillingness)とを区別することが重要である。このことは、十分な生活水準についての権利および健康についての権利について述べた規約11条1項および2条、ならびに、各国が利用可能な資源を最大限に用いて必要な措置をとることを義務づけた2条1項から導かれる。水に対する権利の実現のために利用可能な資源を最大限に用いようとしない国は、規約上の義務に違反している。もし、資源の制約によって締約国が規約上の義務を十分に遵守できないのであれば、それにもかかわらず、上に述べた義務を優先的に果たすために、用いうるすべての利用可能な資源を用いるあらゆる努力を行ったことを示す責任は当該締約国にある。

42.水に対する権利の侵害は、**作為**(acts of commission)、すなわち、締約国または国による規制を十分に受けていない他の主体の直接の行為によって生じうる。侵害にはたとえば、(上記37項で述べた)中核的義務と合致しない後退的措置を採用すること、水に対する権利の継続的な享受のために必要な立法を公式に廃棄し、もしくは停止すること、または、水に対する権利に関する既存の国内的もしくは国際的な法的義務に明白に合致しない立法もしくは政策を採用することが含まれる。

43.**不作為**(acts of omission)による

侵害には、水に対するすべての人の権利の完全な実現に向けて適切な措置をとらないこと、水に関する国内戦略をもたないこと、および、関連の法を執行しないことが含まれる。

44.違反について完全なリストを事前に具体化することはできないが、委員会の作業から引き出される、義務のレベルに関連するいくつかの典型的な例は認められる。

(a)尊重義務の違反は、水に対する権利への締約国の干渉から生ずる。これには、とりわけ、(i)水の供給または設備からの、恣意的なまたは正当な理由のない切断または排除、(ii)差別的または、負担不可能な水価格の引き上げ、および(iii)人間の健康に影響を及ぼす水資源の汚染および削減、が含まれる。

(b)保護義務の違反は、国が、その管轄内にある人の水に対する権利を第三者による侵害から保護するための、あらゆる必要な措置をとらないことから生ずる27)。これには、とりわけ、(i)水の汚染および不公平な出水を防止するための法を制定しないこと、または執行しないこと、(ii)水の供給を行う者を実効的に規制し、かつ管理しないこと、(iii)水の配分システム(たとえば、水パイプ網および井戸)を干渉、損害および破壊から保護しないこと、が含まれる。

(c)充足義務の違反は、水に対する権利の実現を確保するため、締約国があらゆる必要な措置をとらないことから生ずる。これの例には、とりわけ、(i)すべての者に水に対する権利を確保することを目的とした国内の水戦略を採択しないこと、または実施しないこと、(ii)個人または集団、とくに脆弱なまたは疎外された人々にとって水に対する権利が享受できないことを結果としてもたらす、不十分な支出または公的資源の誤った配分、(iii)水に対する権利の指標や標識を認定することなどによって、国内レベルで水に対する権利の実現を監視することを行わないこと、(iv)水の設備および供給の不公平な配分を減少させるための措置をとらないこと、(v)緊急支援の制度を設けないこと、(vi)この権利の最低限の不可欠なレベルがすべての人に享受されるのを確保しないこと、(vii)他の国家または国際組織と協定を締結する際に、水に対する権利に関する国際的な法的義務を考慮に入れないこと、が含まれる。

V.国内レベルでの実施

45.規約2条1項に従い、締約国は、規約上の義務の実施において「立法措置その他のすべての適当な方法」を活用することが要求されている。各締約国は、具体的な状況でどの措置が最もふさわしいかを判断するにあたっては裁量の余地を有している。しかし規約は、明らかに、すべての者ができるだけ早く水に対する権利を享受することを確保するために必要ななんらかの措置をとる義務を締約国に課している。この権利の実現を目的としたいかなる国内的措置も、他の人権の享受に干渉すべきではない。

立法、戦略および政策

46.既存の立法、戦略および政策は、水に対する権利から生ずる義務に合致することを確保するために見直しがなされるべきであり、もし規約上の要求に合致しない場合には、廃棄、改正または変更されるべきである。

47.措置をとる義務は明らかに、締約国

---

27)「第三者」の定義については23項を見よ。

に対し、水に対する権利の実現のために国内戦略または行動計画を採択する義務を課している。この戦略は、(a)人権法および人権の原則に基づき、(b)水に対する権利のすべての側面および、それに対応する締約国の義務をカバーし、(c)明確な目標を設定し、(d)達成されるべき対象または目標、および達成のための時間枠を設定し、(e)適切な政策ならびに、それに対応する指標および標識を明示するものでなければならない。この戦略はまた、そのプロセスにおける組織的責任を明確にし、目標や対象を達成するために利用できる資源を示し、組織的責任に沿って適切に資源を配分し、かつ、戦略の実施を確保するための説明責任のメカニズムを設けるべきである。締約国は、水に対する権利の国内戦略を作成し、また実施する際には、国連専門機関の技術援助および協力を利用すべきである(下の第VI部を見よ)。

48.国内の水戦略および行動計画の作成および実施は、とりわけ、無差別および人々の参加の原則を尊重すべきである。自らの水に対する権利の行使に影響しうる意思決定過程に参加する個人および集団の権利は、水に関するすべての政策、計画または戦略の中核的部分にならなければならない。個人および集団は、公的機関または第三者が保有する、水、水の供給および環境に関する情報に対して、十分かつ平等なアクセスを与えられるべきである。

49.国内の水戦略および行動計画はまた、説明責任、透明性、および司法の独立性の原則に基づくべきである。よき統治は、水に対する権利の実現を含め、すべての人権の実効的な実施に不可欠だからである。この権利の実現にとって好ましい環境を作るため、締約国は、民間商業部門および市民社会がその活動の遂行において水に対する権利の重要性を認識し、か つ考慮することを確保するため、適切な措置をとるべきである。

50.締約国は、水に対する権利のための戦略を運営するため、枠組み立法を採択することが望ましいと考えることもあろう。そのような立法には、(a)達成されるべき対象または目標、および達成のための時間枠、(b)その目的が達成されうる手段、(c)市民社会、民間部門および国際組織との協働の予定、(d)そのプロセスに対する組織的責任、(e)その監視のための国内的メカニズム、および(f)救済および救済手続、が含まれるべきである。

51.水に関連する政策を調和させるため、国内省庁、地域および地方の当局との間で十分な調整が行われることを確保するための措置がとられるべきである。水に対する権利の実施が地域または地方の当局に委ねられている場合も、締約国は依然として規約上の義務を遵守する責任を負っており、したがって、それらの当局が必要な水の供給および設備を維持し、かつ拡張するために十分な資源を利用できることを確保するべきである。締約国はまた、それらの当局が供給へのアクセスを差別的に否定しないことを確保しなければならない。

52.締約国は、水に対する権利の実現を実効的に監視する義務を負っている。水に対する権利の実現に向けての進歩を監視する際には、締約国は、自らの義務の実施に影響を与える要素および困難を明らかにすべきである。

指標および標識(indicators and benchmarks)

53.監視プロセスの助けとするために、国内の水戦略および行動計画においては、水に対する権利の指標が設けられるべきである。この指標は、国内的および国際的レベルにおいて、11条1項および12

条の下での締約国の義務を監視するためのものとされるべきである。指標は、十分な水のさまざまな構成要素（十分さ、安全性および受入れ可能性、経済的な負担可能性、および物理的なアクセス可能性など）を扱い、差別禁止事由ごとに細分化され、かつ、当該締約国の領域管轄権内にあるか、またはその管理下で在住しているすべての人をカバーするものであるべきである。締約国は、適切な指標について、WHO、国連食糧農業機関（FAO）、国際労働機関（ILO）、国連児童基金（ユニセフ）、国連環境計画（UNEP）、および国連人権委員会が継続して行っている作業から指針を得ることができよう。

54. 水に対する権利の適切な指標を設けた後は、締約国は、各指標に関して適切な国内的標識を設定することが求められる[28]。定期的な報告手続の際、委員会は、締約国を「観察」するプロセスに関わることになる。この観察は、当該締約国と委員会による、指標および国内的な標識の共同の検討を伴い、そしてそれが、次の報告期間の間に達成されるべき対象を生み出すことになる。報告後の5年間の間、締約国は、水に対する権利の実施の監視を助けるものとしてこの国内的標識を用いることになる。その後、後に続く報告プロセスにおいて、当該締約国と委員会は、その標識が達成されたか否か、また、直面した困難があればその理由を（一般的意見14（2000）58項を見よ）検討することになる。さらに、標識の設定および報告の準備の際、締約国は、データの収集および細分化に関して、専門機関の詳細な情報および助言サービスを利用すべきである。

救済および説明責任（accountability）

55. 水に対する権利を否定されたいかなる人または集団も、国内的および国際的レベルの双方において、効果的な司法的その他の適切な救済へのアクセスを有するべきである（一般的意見9（1998）4項およびリオ環境開発宣言の原則10を見よ）[29]。委員会は、この権利は多くの国において憲法上明文化され、かつ国内裁判所における訴訟に服してきていることを注記する。水に対する権利の侵害のすべての被害者は、原状回復、賠償、満足または再発防止の保証を含む十分な補償を受ける権利を有するべきである。国内のオンブズマン、人権委員会および同様の組織は、この権利の侵害を扱うことを認められるべきである。

56. 水に対する個人の権利に干渉するいかなる行動が締約国または他のいかなる第三者によって行われる前にも、関連当局は、それらの行動が法に従った方法で、かつ規約に合致して行われること、ならびに、(a)影響を受ける人々との真の協議の機会、(b)提案されている措置に関する、時宜に適い、かつ完全な情報の開示、(c)提案されている行動についての合理的な通知、(d)影響を受ける人々のための法的救済、および(e)法的救済を受けるための法的援助を伴っていること、を確保しなければならない（一般的意見4（1991）およ

---

28) E. Riedel, "New bearings to the State reporting procedure: practical ways to operationalize economic, social and cultural rights: The example of the right to health", in S. von Schorlemer (ed.), *Praxishandbuch UNO*, 2002, pp. 345-358. 委員会は、例として、（ミレニアム宣言で示された）安全な飲料水へのアクセスをもたないか、または負担できない人の割合、および基本的な下水設備へのアクセスをもたない人の割合を2015年までに半分にするという、持続可能な開発に関する2002年世界サミットの行動計画の中の公約を挙げておく。

29) リオ環境開発宣言の原則10（上記注5）国連環境開発会議報告書を見よ）は、環境問題に関して、「救済を含め、司法および行政手続への実効的なアクセスが与えられなければならない」と述べている。

び7〔1997〕を見よ)。そのような行動が、人が水の料金を払わないことに基づいている場合には、それらの人々の支払い能力が考慮に入れられなければならない。いかなる場合でも、人は、最低限不可欠なレベルの水を奪われてはならない。

57.国内法秩序に、水に対する権利を認めた国際文書を編入することは、救済措置の範囲と実効性を大きく高めうるものであり、すべての場合に奨励されるべきである。編入により裁判所は、水に対する権利の侵害について、または少なくとも中核的義務について、規約に直接に言及しつつ判決を下すことができる。

58.裁判官、審判官および法曹の職にある者は、締約国から、その任務遂行において水に対する権利の侵害により大きな注意を払うように奨励されるべきである。

59.締約国は、脆弱なまたは疎外された集団が水に対する権利を実現するのを援助する観点から、人権活動家およびその他の市民社会の構成員の仕事を尊重、保護、環境整備、および促進するべきである。

VI.国家以外の主体の義務

60.WHO、FAO、ユニセフ、UNEP、UN-ハビタット、ILO、UNDP、国際農業開発基金(IFAD)のような、水に関わる国連機関およびその他の国際組織、ならびに世界貿易機関(WTO)のように貿易に関わる国際組織は、国内レベルにおける水に対する権利の実施に関して、それぞれの専門知識に基づき、締約国と実効的に協力すべきである。国際金融機関、とりわけ国際通貨基金および世界銀行は、水に対する権利の享受が促進されるよう、その融資政策、信用協定、構造調整計画およびその他の開発計画において水に対する権利を考慮に入れるべきである(一般的意見2〔1990〕を見よ)。締約国の報告および、水に対する権利を実現するための義務を履行する締約国の能力を検討する際、委員会は、他のすべての主体から提供された援助の効果を検討することになる。国際組織が、その計画および政策の中に人権法を組み入れることは、水に対する権利の実現に大きく資するであろう。国際赤十字・赤新月社連盟、赤十字国際委員会、国連難民高等弁務官事務所(UNHCR)、WHO、ユニセフ、ならびにNGOおよびその他の組織の役割は、緊急時における災害救援および人道援助に関してとくに重要である。水および水の設備の援助の配給、配分および運営における優先順位は、人口の最も脆弱なまたは疎外された集団に与えられるべきである。

(訳:申惠丰／青山学院大学助教授)

資料5

子どもの権利委員会
一般的意見2（2002）
子どもの権利の保護および促進における独立した国内人権機関の役割

2002年10月4日第31会期採択
CRC/GC/2002/2

　1.子どもの権利条約4条は、締約国に対し、「この条約において認められる権利の実施のためのあらゆる適当な立法上、行政上およびその他の措置をとる」ことを義務づけている。独立した国内人権機関（National Human Rights Institutions: NHRI）は条約の実施を促進および保護するための重要な機構であり、子どもの権利委員会は、締約国が批准と同時に行った、条約の実施を確保し、かつ子どもの権利の普遍的実現を前進させるというコミットメントの中に、このような機関の設置が含まれると考えるものである。これとの関連で、委員会は、条約の実施を促進および監視するため、多くの締約国で国内人権機関および子どもオンブズパーソン／子どもコミッショナーならびに同様の独立機関が設置されたことを歓迎してきた。

　2.委員会がこの一般的意見を公にするのは、条約の実施を促進および監視するための独立機関を設置するよう締約国に対して奨励するとともに、そのような機関に不可欠な要素およびそのような機関によって遂行されるべき活動について詳しく述べることによって、この点に関して締約国を支援するためである。そのような機関がすでに設置されている場合、委員会は各国に対し、子どもの権利条約その他の関連の国際文書に掲げられた子どもの権利を促進および保護するうえでそのような機関がどのような地位にあり、かつどの程度効果的であるかについて再検討するよう呼びかける。

　3.1993年の世界人権会議は、ウィーン宣言および行動計画において、「人権の促進および保護のために国家機関が果たす重要かつ建設的な役割」を再確認し、かつ「国家機関の設置および強化」を奨励した。総会および人権委員会は、国内人権機関の設置を繰り返し求め、人権の促進および保護ならびに人権に関する公衆の意識の増進にあたってNHRIが果たす重要な役割を強調している。定期報告書のための一般指針において、委員会は、締約国が「子どもの権利を促進および保護するために設置された独立機関」に関する情報を提供するよう求めているところである[1]。そのため、委員会は締約国との対話のなかで一貫してこの問題を取り上げている。

　4.国内人権機関は、人権委員会が1992年に[2]、かつ総会が1993年に採択した「国際連合・国家機関の地位に関する

---
[1]条約44条1項(b)に基づいて締約国によって提出される定期報告書の形式および内容に関する一般指針（CRC/C/58）パラグラフ18。
[2]人権委員会決議1992/54（1992年3月3日annex）。

原則」(パリ原則)3)に従って設置されなければならない。そこに掲げられた最低基準は、このような国内機関の設置、権限、責任、構成、独立、多元性、活動方法および準司法的活動についての指針となるものである。

5.人権を保護するためのNHRIが必要であることはおとなも子どもも同様であるが、子どもの人権に特別な注意が向けられることを確保するために、さらなる正当化事由が存在する。その正当化事由には以下のような事実が含まれる。すなわち、子どもはその発達上の状態ゆえにとくに人権侵害を受けやすいこと。子どもの意見が考慮に入れられるのは未だに稀であること。ほとんどの子どもは選挙権を有しておらず、人権に対する政府の対応を決める政治プロセスでも意味のある役割を果たせないこと。子どもは、自分の権利を保護するため、または権利侵害に対する救済を求めるために司法制度を利用する際、相当の問題に直面すること。そして、自分の権利を保護してくれるかもしれない機関に対する子どものアクセスは、一般的には限られていることである。

6.子ども専門の独立した人権機関、子どもの権利オンブズパーソンまたはコミッショナーは、ますます多くの国で設置されるようになってきた。資源が限られている場合、利用可能な資源が、子どもの人権を含むすべての人の人権を促進および保護するために最も効果的に活用されるようにすることが考慮されなければならない。このような文脈においては、子どもに具体的に焦点を当てる機能を含む広範囲型NHRIを発展させることが最善のアプローチとなる可能性が高い。広範囲型国内人権機関には、その組織内に、子どもの権利をとくに担当することが明示されたコミッショナー、または子どもの権利をとくに担当する部局が含まれるべきである。

7.委員会の見解では、子どもの権利の促進および保護を担当する独立した人権機関はすべての国に必要である。委員会の主要な関心は、その機関が、形態はどうであれ、独立してかつ効果的に子どもの権利を監視、促進および保護できるというところにある。子どもの権利の促進および保護が「メインストリーム」(主流)に置かれること、および、国内に存在するすべての人権機関がその目的のために緊密に協働することが不可欠である。

委任事項および権限

8.国内人権機関は、可能であれば憲法上の確固たる基盤を与えられるべきであり、少なくとも法律による委任が与えられなければならない。委員会の見解では、その委任事項は人権の促進および保護のために可能なかぎり広範なものを含んでいるべきであり、子どもの権利条約、その選択議定書およびその他の関連の国際人権文書をその中に取り入れることによって、子どもの人権、とくに市民的、政治的、経済的、社会的および文化的権利を効果的にカバーするべきである。法律には、子どもに関わる具体的な職務、権限および義務を、子どもの権利条約およびその選択議定書と関連させながら定めた規定が含まれていなければならない。NHRIが子どもの権利条約の誕生以前に設置された、または条約を明示的に取り入れることなく設置された場合には、当該機関の委任事項が条約の原則および規定と一致することを確保するため、法律の制定または

---

3)国際連合・国家機関の地位に関する原則(パリ原則)、総会決議48/134(1993年12月20日)、人権委員会決議1992/54(1992年3月3日)。

改正を含む必要な手配が行われるべきである。

9.NHRIには、その委任事項を効果的に遂行できるようにするために、必要とされる権限が付与されなければならない。このような権限には、その権能の範囲内にある状況を評価するために必要な、いかなる事情聴取ならびに情報および文書の入手をも行う権限が含まれる。これらの権限には、国のみならず関連するあらゆる公的機関および民間機関との関係においても、締約国の管轄下にあるすべての子どもの権利を促進および保護することが含まれなければならない。

設置プロセス

10.NHRIの設置プロセスは、丁寧な協議に基づき、さまざまな関係者の参加が得られる透明なものでなければならない。そのプロセスは政府の最高レベルで主導および支持されるべきであり、かつ、国、立法府および市民社会のあらゆる関連の構成員の参加を保障するようなものであるべきである。NHRIの独立および効果的職務遂行を確保するため、NHRIには十分な組織基盤、資金(広範囲型機関にあっては、とくに子どもの権利を対象とした資金を含む)、職員、活動拠点、および、その独立に影響を及ぼす可能性のある諸形態の財政的統制からの自由が与えられなければならない。

資源

11.これがきわめて微妙な問題であること、および締約国は多様な水準の経済的資源のもとで活動していることは認知しながらも、委員会は、条約4条に照らし、国内人権機関の活動のために合理的な資金供与を行うことは各国の義務であると考える。その権限を果たすために効果的に活動するための手段が国内機関になければ、国内機関の委任事項および権限が意味のないものとなり、またはその権限の行使が制約される可能性がある。

多元的代表性

12.NHRIは、その構成において、人権の促進および保護に携わっている市民社会のさまざまな構成員が多元的に代表されることを確保しなければならない。NHRIは、とくに、子どもおよび若者が主導している組織を含む人権NGO(非政府組織)、反差別NGOおよび子どもの権利NGO、労働組合、社会団体および(医師、弁護士、ジャーナリスト、科学者等の)職能団体、大学、ならびに子どもの権利の専門家を含む専門家の参加が得られるように努めるべきである。政府機関は助言者としての資格でのみ参加するようにしなければならない。NHRIは、開かれた競争選抜プロセスを含む適切かつ透明な任命手続を有するべきである。

子どもの権利侵害に対する救済の提供

13.NHRIは、子どもに代わってまたは子どもから直接提出されたものを含む個人の苦情および申立を検討し、かつ調査を遂行する権限を有しなければならない。このような調査を効果的に遂行できるようにするため、NHRIは、証人に証言させかつ証人を事情聴取する権限、関連の書証にアクセスする権限、および拘禁場所にアクセスする権限を有しなければならない。NHRIはまた、子どもがいかなる権利侵害に対しても効果的な救済――第三者による助言、権利擁護および苦情申立手続――を得られることを確保する義務も

有する。適当な場合には、NHRIは苦情の調停および斡旋を行うべきである。

14.NHRIは、子どもが裁判所に提訴することを支援する権限を有するべきである。そのような支援には、(a)子どもの問題に関わる事案をNHRIの名義で提訴する権限によるもの、および(b)裁判事案に介入し、当該事案に関わる人権問題について裁判所に情報提供する権限によるものが含まれる。

アクセス可能性および参加

15.NHRIは、地理的および物理的にすべての子どもがアクセスできるものでなければならない。条約2条の精神に則り、NHRIは、最も権利を侵害されやすくかつ不利な立場に置かれた集団を含む、すべての集団の子どもに積極的に接触を図るべきである。このような立場に置かれた子どもとしては、ケアの対象となっている子どもまたは拘禁されている子ども、マイノリティおよび先住民族集団の子ども、障害をもった子ども、貧困下で生活している子ども、難民および移民の子ども、ストリート・チルドレン、ならびに、文化、言語ならびに健康および教育といった分野で特別なニーズを有する子どもが挙げられる(ただし、これに限られない)。NHRI設置法には、当該機関が、あらゆる形態の代替的ケアを受けている子ども、および子どもも対象とするあらゆる施設に、プライバシーの守られる条件下でアクセスする権利が含まれるべきである。

16.NHRIは、条約12条で定められているように、自己に影響を及ぼすすべてのことがらにおいて、政府によっておよび社会全体を通じて子どもの意見が尊重されることを促進するうえで、鍵となる役割を担っている。この一般原則は、国内人権機関の設置、組織および活動にも適用さ

れるべきである。これらの機関は、自らが子どもたちと直接接触できること、および子どもたちが適切なかたちで参加し、かつ協議の対象とされることを確保しなければならない。たとえば、子どもの関心事項への子どもたちの参加を促進するため、NHRIの諮問機関として子ども評議会を創設することなどが可能である。

17.NHRIは、条約12条の全面的遵守を確保するため、特別に配慮された協議プログラムおよび想像力にあふれたコミュニケーション戦略を立案しなければならない。子どもが当該機関と連絡をとるのにふさわしい一連の方法が確立されるべきである。

18.NHRIは、公衆および議会に対し、子どもの権利状況に関して直接に、独立にかつ別個に報告する権利を有しなければならない。この点に関して締約国は、子どもの権利に関わるNHRIの活動および国による子どもの権利条約の遵守について討議する機会を議員に提供するため、議会において年次討論が開催されることを確保しなければならない。

推奨される活動

19.以下の一覧は、条約の一般原則に照らして、子どもの権利を実施することとの関連で、国内人権機関が遂行すべき活動の諸類型を網羅的にではなく例示的に掲げたものである。

(a)その委任事項の範囲内にある苦情または職権に基づき、子どもの権利が侵害されているいかなる状況についても調査すること。

(b)子どもの権利に関わることがらについて調査を実施すること。

(c)国の公的機関の要請によるものか自らの発意によるものかは問わず、子どもの権利の促進および保護に関わるいかなる

ことがらについても見解、勧告および報告を作成および公表すること。

(d)子どもの権利の保護に関わる法律および実務が十分かつ効果的であるか、つねに検討すること。

(e)子どもの権利条約、その選択議定書および子どもの権利に関わる他の国際人権文書と国内の法律、規則および実務を調和させることを促進し、かつその効果的実施を促進すること。効果的実施の促進のための手段には、子どもの権利条約の解釈および適用に関して、公的機関および民間機関に助言を提供することも含まれる。

(f)国の経済政策の立案担当者が、国の経済計画および開発計画を設定および評価する際に、子どもの権利を考慮することを確保すること。

(g)政府による子どもの権利の実施および子どもの権利状況の監視を検討し、かつそれについて報告すること。その際、子どもの権利の実現のために何がなされなければならないかを判断するため、統計が細分化され、かつその他の情報が定期的に収集されることを確保するよう努めること。

(h)関連の国際人権文書の批准またはそれへの加入を奨励すること。

(i)子どもに関わるあらゆる行動において、子どもの最善の利益が第一義的に考慮されるべきことを求めた子どもの権利条約3条に従い、法律および政策によって子どもに及ぼされる影響が、策定から実施およびその後に至るまで注意深く検討されることを確保すること。

(j)条約12条に照らし、子どもの人権に関わることがらについて、および子どもの権利に関わる問題を定義するにあたって、子どもの意見が表明され、かつその意見に耳を傾けられることを確保すること。

(k)子どもに影響を及ぼす国内法および国際文書の策定への、子どもの権利NGO（子どもたち自身で構成された団体を含む）の意味のある参加を唱道および促進すること。

(l)子どもの権利の重要性に関する公衆の理解および意識を促進するとともに、この目的のため、メディアと緊密に協働し、かつこの分野における調査研究および教育活動を実施または後援すること。

(m)「この条約の原則および規定を、適当かつ積極的な手段により、おとなのみならず子どもに対しても同様に広く知らせる」ことを締約国に義務づけた条約42条に従い、条約の規定に関して政府、公的機関および一般公衆の感受性の増進を図るとともに、この点に関する義務を国がどのように果たしているかを監視すること。

(n)学校、大学および専門家業界において子どもの権利を教え、子どもの権利について調査研究し、かつカリキュラムに子どもの権利を統合するためのプログラムの編成を援助すること。

(o)（子どもの権利の重要性に関する一般公衆の理解を促進することに加えて）とくに子どもに焦点を当てた人権教育を実施すること。

(p)国内において子どもの権利を主張するために法的手続をとり、または子どもに対して法的援助を提供すること。

(q)適当な場合には、提訴の前に調停または斡旋のプロセスに携わること。

(r)適切な場合には「裁判所の友」（アミカス・キュリエ）または訴訟参加人として、裁判所に対して子どもの権利に関する専門知識を提供すること。

(s)「子どものケアまたは保護に責任を負う機関、サービスおよび施設が、とくに安全および健康の領域、職員の数および適格性、ならびに職員の適正な監督について、権限ある機関により設定された基準に従うことを確保する」ことを締約国に義

務づけた条約3条に従い、少年収容施設（および子どもが強制または処罰の目的で拘禁されているあらゆる場所）ならびにケア施設を訪問して状況報告および改善のための勧告を行うこと。

(t)以上の活動に付随するその他の活動を行うこと。

子どもの権利委員会に対する報告、およびNHRIと国連機関および国連人権機構との協力

20.NHRIは、会期前作業部会において、子どもの権利委員会と対話すること、および他の関連の条約機構と対話することを含む手段を通じて、条約その他の関連の国際文書に基づく報告手続に独立して貢献し、かつ国際条約機構に対する政府報告書が子どもの権利に関して完全性を保っているかどうか監視するべきである。

21.委員会は、NHRIの法律上の根拠および委任事項ならびに関連の主要な活動に関する詳細な情報を、締約国が委員会に提出する報告書の中に含めるよう要請する。子どもの権利委員会に対する報告書の作成の過程で、締約国が独立した人権機関と協議するのは適切である。しかしながら締約国は、このような機関の独立、および委員会への情報提供におけるその独立した役割を尊重しなければならない。報告書の起草をNHRIに委任すること、または報告書が委員会によって審査されるときに政府代表団にそのような機関を含めることは不適切である。

22.NHRIは、人権委員会の特別手続とも協力すべきである。このような特別手続には、国別およびテーマ別の機構、ならびに、とくに子どもの売買、子ども買春および子どもポルノグラフィに関する特別報告者および子どもと武力紛争に関する事務総長特別代表が含まれる。

23.国際連合は、国内人権機関の設置および強化を援助するプログラムを長年にわたって運営している。このプログラムは、人権高等弁務官事務所（OHCHR）に本部が置かれており、技術的援助を提供するとともに、国内人権機関間の地域的および世界的協力ならびに交流を促進するものである。締約国は、必要なときはこの援助を活用しなければならない。ユニセフもこの分野で専門知識および技術的協力を提供している。

24.条約45条で定められているとおり、委員会は、適当と認める場合には、NHRIの設置に関する技術的助言もしくは援助を要請しているか、またはこれらの必要性を指摘している締約国からの報告書を、いずれかの国連専門機関、OHCHRその他の資格ある機関に送付することもできる。

NHRIと締約国

25.国は、子どもの権利条約を批准し、それを全面的に実施する義務を受諾する。国内人権機関の役割は、国による遵守、および実施に向けた進展を独立した立場から監視するとともに、子どもの権利の全面的尊重を確保するために全力を尽くすことである。そのためには、国内機関が子どもの権利の促進および保護を増進させるためのプロジェクトを発展させる必要が生ずる場合もあるが、そのことによって政府が監視の義務を国内機関に委譲することにつながってはならない。自らの議題を設定し、かつ自らの活動を決定するにあたって、国内機関が完全な自由を維持することは必要不可欠である。

NHRIとNGO

26.非政府組織は、人権および子どもの

権利を促進するうえで非常に重要な役割を担っている。法律上の根拠および具体的権限を有するNHRIの役割は、その活動を補完することができる。国内機関がNGOと緊密に協働すること、および、政府がNHRIとNGO双方の独立を尊重することは、必要不可欠である。

地域協力および国際協力

27.地域的および国際的なプロセスおよび機構は、経験とスキルの共有を通じてNHRIを強化し、かつその基盤を向上させることができる。NHRIは、それぞれの国で人権を保護および促進するうえで共通の問題を抱えているからである。

28.この点について、NHRIは子どもの権利に関する関連の国内的、地域的および国際的機関と協議および協力すべきである。

29.子どもの人権の問題は国境の制約を受けず、子どもの権利に関するさまざまな問題（女性および子どもの人身取引、子どもポルノグラフィー、子ども兵士、児童労働、児童虐待、難民および移民の子ども等を含むが、これに限られない）への適切な地域的および国際的対応を考案することはますます必要になっている。国際的および地域的な機構および交流が奨励されるところである。そのことにより、NHRIは、お互いの経験から学び、お互いの立場を集団的に強化し、かつ、国および地域の両方に影響を及ぼしている人権問題の解決に貢献することができるためである。

（訳：平野裕二）

資料6

札幌宣言・札幌プラットフォーム

2002年10月

札幌宣言

　1981年シンガポールで行われた第1回世界会議で、われわれは連帯し、権利のために闘わなければならなないことを確認した。2002年の今日、われわれはこれまでの歩みのなかで最も強く団結している。すべての大陸を網羅する135カ国に国内会議があり、権利のために闘う準備は整っている。

　109カ国から3,000人以上が参集した過去最大の札幌大会での発表および討議を通じて、1981年の創設以来多くのことが達成されたということを確認している。しかし、まだ多くの課題が残されていることも同時に認識している。国連の統計によると世界には約6億人の障害者がおり、そのうちの82%は発展途上国に住んでいる。社会の他の市民と異なり障害者は最も惨めな状況にあり、政策、環境意識、人々の態度から生じる障壁のために地域社会から孤立、排除されている。それゆえわれわれは戦争と貧困およびあらゆる形態の差別、とくに障害者に対する差別の根絶をめざして闘う。

　障害者は疑問の余地なく世界で最大の最も差別されているマイノリティ・グループであり、その人権は構造的に侵害されている。貧しいなかでも最も貧しい人々に対する人権侵害は、生活状況の悪化、侮辱的な扱い、快適な住宅、保健、教育、雇用、社会的統合の欠如を招き、死に直面することも多い。現存する国連条約の下で、われわれの人権は一般的に無視されるか、モニタリングの過程でも軽視されている。それゆえに、

- われわれは、市民的、政治的、経済的、社会的および文化的における全般的な権利を反映した特定の国際権利条約を要求する。そして、条約の信頼性、正当性および効率性を保障するため、障害者の独自な視座を反映させる強力なモニタリング機構を備えることを要求する。

- われわれ障害者は、この法律の作成にあたり『われら自身の声』を要求する。われわれに関するあらゆるレベルのあらゆる事項に関して意見が反映されることを要求する。

- われわれは、国連事務総長が障害者のための『国際人権条約』作成に必要な便宜を継続して提供し、『国連障害者プログラム』を支援するための予算の再配分を要請する。

- われわれは、すべての国連加盟国が条約の作成と採択を支持すること、および障害者、とくに発展途上国の障害者の参加を支援するための『任意拠出金』の創設を懇請する。

- われわれは、すべての障害者および障害者団体が条約のニーズと利益について一般市民と政治家を教育することを奨励する。

さらに、

- われわれは、すべての国が差別禁止法を採択し実施すること、および障害者への機会均等を保障する政策を実施することを要求する。

世界会議で採択、その後の評議会にて修正。

札幌プラットフォーム
【札幌綱領】

DPI（障害者インターナショナル）は世界中の障害者に呼びかける。

平和

障害者として私たちは、戦争、暴力およびあらゆる形態の抑圧に反対する。毎日、男、女や子どもは対人地雷やその他の形態の武力による破壊行為および残虐行為によって障害を負っている。私たちは、すべての人々が平和に暮らし、多様性を尊重し望みが叶えられる世界の実現に向けて努力する。

力強い『われら自身の声』

DPIは力と声をさらに拡大していかなければならない。私たちはこの分野での専門家であり、私たちに関することすべてについて諮問されなければならない。私たちが力強い声を発するためには、活動において団結し、強力な団体を設立しなければならない。私たちの知識、経験、資源は共有されねばならないし、若者が指導者になるように奨励しなければならない。私たち自身の主張や関心事を伝え、議論し、進めるために技術を活用しなければならない。

人権

人権団体として、私たちの人権を保障し尊重する条約への支持を求めなければならない。政治家に対してもれなく周知徹底させるのと同様に、私たち自身や市民社会も教育しなければならない。私たちは、地雷被害生存者や女性から戦術や成功を学ばなければならない。私たちの権利は日々侵害されているため、その証拠を収集し続けなければいけない。

多様性の尊重

私たちの活動では、女性や、若者や他のマイノリティを組織のどの段階においても含めることを確実に行わなければならない。どの言語も平等に扱われることによって、参加を保障しなければならない。DPIの公式言語であるフランス語、スペイン語、英語（これらの手話を含む）の使用をさらに推し進めなければならない。私たちは障害種別を超えた組織であり、すべての資料・データはどのような障害に対しても利用可能な形態を保障しなければならない。

生命倫理

私たちは遺伝学や生命倫理の議論で主要な役割を果たすべきである。私たちは異なったままでいる権利を主張しなければならない。「人間」の能力を1セットの揃いで見る概念やそれに関連した議論を私たちは否定しなければならない。学問の領域において、肯定的な視点から障害のイメージを変えようとしている障害学を推進しなければならない。

自立生活

自己決定と自立生活は私たちの人権にとって基本である。自立生活の概念について、障害をもつ人々と市民社会を育成するプログラムを計画しなければならない。ある国で自立生活を実施する際に、私たちは文化の違いを考慮に入れなければならない。

インクルーシブ教育

完全参加は子ども時代に教室で、遊び場で、そしてプログラムやサービスで始め

られる。障害のある子が他の子どもと隣り合って座るとき、すべての子どもを認識し、受け入れることによって地域社会がより豊かになる。世界中の政府に対し隔離教育を根絶し、インクルーシブ教育を政策として確立するように懇請しなければならない。

開発のための国際援助

国際的な開発援助組織は、政策、プログラムおよびサービスにおいて、障害者のインクルージョンを確実にしているかどうかを自己評価しなければならない。利用しやすく適切なサービスの提供によって障害者の完全参加を保障するための活動を行う機関に対し、政府が財政的に支援することを、私たちは働きかけなければならない。

広報啓発教育

私たちの意見は、所得創出、教育、貧困の衝撃等々多岐にわたる。私たちが関心をもつ課題について、政治家ならびに市民社会も教育していかなければならない。そのために、宣伝や啓発の機会となるあらゆる場面を利用するべきである。障害をもつ人々に対する否定的なイメージを変えることによって、これからの世代は対等な参加者として障害者を受け入れるだろう。

知識の共有

この大会への参加者は、この場でお互いの意見を聞き、見解や意見を議論し、私たちの任務に課されていることを再確認することができた幸運な少数の人々である。それゆえ、ここで行われたことを草の根運動を支えている仲間たちに伝える義務と責任がある。3,000人の参加者を集めたこの大会でエンパワーされたと感じている一方で、この大会に参加できなかった人々を今後エンパワーしなければならない。

これは私たちの挑戦である。これは私たちの課題である。

2002年第6回DPI世界会議札幌大会

（訳：DPI日本会議事務局）
http://homepage2.nifty.com/dpi-japan/

資料7
障害者の権利実現へのパートナーシップに関する大阪宣言

2002年10月23日

　障害者の完全参加と平等実現を目標に、世界的には「知的障害者の権利宣言」(1971年)、「障害者の権利宣言」(1975年)、「障害者に関する世界行動計画」(1982年)、「職業リハビリテーションおよび雇用(障害者)に関する条約(ILO第159号条約、1983年)、「障害者の機会均等化に関する標準規則」(1993年)、「特別なニーズ教育に関するサラマンカ声明及び行動フレームワーク(サラマンカ声明)」(1994年)および「すべての人のための教育に関するダカール行動フレームワーク」(2000年)などに基づき、また、アジア太平洋地域では、「アジア太平洋障害者の十年」(1993年〜2002年)の「行動課題」(1993年)および行動課題実施のための「73の目標」(1996年)および同「107項目」(2000年)などに基づき、これまで取組みがすすめられてきた。にもかかわらず、各国・地域、とくに途上国においてはその目標達成にはまだまだ多くの課題が残されているのが、現状である。

　目標達成に向け、こうした取組みをさらに強化・継続することなどを目的に、昨年12月の国連総会で「障害者の権利及び尊厳の促進及び保護に関する包括的かつ総合的な国際条約」に関する決議(56/168)が採択されたこと、および国連アジア太平洋経済社会委員会(ESCAP)でも「21世紀におけるアジア太平洋地域の障害者にとって包括的でバリアフリーの、権利に基づいた社会の促進」に関する決議(58/4)が採択されるとともに、それに基づきアジア太平洋障害者の十年が2003年から2012年までさらに10年延長されることが決定されたことをこころから歓迎する。

　1993年以来、アジア太平洋障害者の十年推進NGO会議(RNN)が、毎年キャンペーン会議を、沖縄(1993年)、マニラ(1994年)、ジャカルタ(1995年)、オークランド(1996年)、ソウル(1997年)、中国・香港特別行政区(1998年)、クアラルンプール(1999年)、バンコク(2000年)、ハノイ(2001年)および大阪で開催してきたことで、アジア太平洋障害者の十年推進に積極的に寄与してきたことを評価するとともに、来年からはじまる次のアジア太平洋障害者の十年においては、障害者の完全参加と平等実現の強力なツールとなる、障害者権利条約採択に向け、域内各国における世論形成して政府の判断と行動を促進するため、従来のRNN加盟団体に加え、より多くの地域レベルおよび各国レベルの障害NGOおよび民間セクターを含む、関係団体の協力・連携のもとにさらに強力な推進活動を継続的に展開する必要がある。

　わたしたち「アジア太平洋障害者の十年」最終年記念フォーラム参加者は、そのような認識をもとに、以下のことの実現をめざ

して行動することを宣言する。

　1.障害者の権利条約の早期実現に向け、関係機関および団体などと協力・連携しながら、全力をあげて取り組む。それに関連して域内各国政府に次のことを要請する。

⑴その早期採択に向けて各国政府が積極的に取り組むこと。

⑵今後開催される障害者権利条約にかかる国連特別委員会の政府代表団に障害当事者をはじめ、障害関係団体の代表をメンバーに加えること。

⑶既存の６大人権条約（自由権規約、社会権規約、女子に対するあらゆる形態の差別の撤廃に関する条約、あらゆる形態の人種差別撤廃に関する国際条約、児童の権利に関する条約、拷問等禁止条約）を障害者の権利保障に積極的に活用すべく、各国の国内モニタリング機構を補強するとともに、そのモニタリングならびに障害者の機会均等化に関する標準規則の実施・強化プロセスへの障害当事者をはじめ、障害関係団体の専門家の参加を確保すること。

　2.次のアジア太平洋障害者の十年の推進に積極的に取り組むとともに、域内各国政府などに次のことを要請する。

⑴次のアジア太平洋障害者の十年推進のために財政的措置を講ずること。

⑵障害に関する共通概念の確立、共通概念を用いた実態調査に基づく国内統計の整備、ならびに同統計などをベースにした障害者施策推進のため、社会的環境と障害の関係を基本とし、国際生活機能分類（ICF）を指標のひとつとして活用すること。

⑶①障害原因となる貧困の削減、戦争、紛争およびテロの防止、地雷の廃絶およびエイズなどの予防、ならびに女性障害者および高齢障害者を含む、すべての種類の障害者が、地域社会におけるあらゆる活動に参加できるようにするために、とくに環境改善とコミュニケーション支援、地域に根ざしたリハビリテーション（CBR）、教育、訓練と雇用・就労、地域生活支援および家族支援などの整備について、一定の期限と数値目標を定めた、全国および地方レベルの計画を策定すること。②同計画策定への障害当事者団体をはじめ、障害関係団体代表の参加を確保すること。③同計画の実施状況の定期的モニタリングにも当事者団体をはじめ、障害関係団体代表の参加を確保すること。

⑷（大津でのハイレベル政府間会合での検討・採択が予定されている）「琵琶湖新千年紀行動フレームワーク」のサブリージョンおよび地域レベルにおける実施状況を定期的に調整・モニターするための域内作業グループへの障害当事者団体をはじめ、（設立が提案されている）「アジア太平洋障害フォーラム（APDF）」加盟団体の参加、ならびにその参加を確保するため財政的支援をすること。

　3.RNNを発展させた、地域全体でより多角的な活動を継続的に展開するための基盤をもつ新たな組織として設立が予定されているAPDFへの地域および国内関係団体などの参加と支持をひろく働きかけるとともに、国際関係機関、域内各国政府、財団および民間セクターなどに対して次のような支援を要請する。

⑴国内、サブリージョンおよび地域レベルでの新千年紀フレームワークなどの目標達成状況の定期的モニタリングへの参加ならびに、有効な提言およびそのフォローアップなどを行ないうるだけの調査および企画・立案能力を備えた活動を継続的に実施しうるための財政的基盤を確保すること。

⑵サブリージョンおよび地域レベルでの定期的モニタリングとリンクした形での

第二のアジア太平洋障害者の十年キャンペーン会議実施への財政的支援を確保すること。

　4.日・タイ両政府の協力により設立された、障害者のエンパワメントおよびバリアフリー社会づくりを目指す、「アジア太平洋障害開発センター」に対して積極的に協力および支援をするとともに、国際関係機関、域内各国政府、財団および民間セクターにも支援を要請する。

　5.アフリカ障害者の十年（2000年〜2009年）、アラブ障害者の十年（2003年〜2012年）、およびヨーロッパ障害者年（2003年）との経験交流および連帯活動に積極的に取り組むとともに、そうした活動への国際関係機関、域内各国政府、財団および民間セクターの参加・支援を要請する。

2003年10月23日

「アジア太平洋障害者の十年」最終年記念フォーラム参加者一同

フォーラム主催：
日本身体障害者団体連合会
・日本障害者協議会
・全国社会福祉協議会
・日本障害者リハビリテーション協会
・日本障害者雇用促進協会
・2002年第6回DPI世界会議札幌大会組織委員会（DPI日本会議）
・アジア太平洋障害者の十年最終年記念大阪フォーラム組織委員会
リハビリテーション・インターナショナル（RI）
アジア太平洋障害者の十年推進NGO会議（RNN）

※詳細：http://www.normanet.ne.jp/~forum/index.htm

㈶アジア・太平洋人権情報センター
(ヒューライツ大阪)

　国連憲章や世界人権宣言の精神にもとづき、アジア・太平洋地域の人権の伸長をめざして、1994年に設立されました。ヒューライツ大阪の目的は次の4点です。
⑴アジア・太平洋地域における人権の伸長を図る
⑵国際的な人権伸長・保障の過程にアジア・太平洋の視点を反映させる
⑶アジア・太平洋地域における日本の国際協調・貢献に人権尊重の視点を反映させる
⑷国際化時代にふさわしい人権意識の高揚を図る

　この目的を達成するために、情報収集、調査・研究、研修・啓発、広報・出版、相談・情報サービスなどの事業を行っています。資料コーナーは市民に開放しており、人権関連の図書や国連文書、NGOの資料の閲覧や、ビデオの観賞ができます。

センターの開館時間●平日(月〜金)の午前9時30分より午後5時

〒552-0007　大阪市港区弁天1-2-1-1500　オーク1番街15階
(JR環状線・地下鉄「弁天町」駅下車すぐ)
TEL.06-6577-3577〜8　FAX.06-6577-3583
E-mail●webmail@hurights.or.jp
Web●http://www.hurights.or.jp

アジア・太平洋人権レビュー2003
障害者の権利
2003年6月30日　第1版第1刷発行

編者●㈶アジア・太平洋人権情報センター(ヒューライツ大阪)
発行人●成澤壽信
編集人●西村吉世江
発行所●株式会社 現代人文社
　　　　〒160-0016 東京都新宿区信濃町20 佐藤ビル201
電話●03-5379-0307
FAX●03-5379-5388
E-mail●daihyo@genjin.jp(代表)
　　　　 hanbai@genjin.jp(販売)
Web●http://www.genjin.jp

発売所●株式会社 大学図書
電話●03-3295-6861
FAX●03-3219-5158

印刷●株式会社シナノ
装丁●スタジオ・ポット
検印省略　Printed in JAPAN
ISBN4-87798-165-9 C3030
©2003　by Asia-Pacific Human Rights Information Center

㈶アジア・太平洋人権情報センター 編
アジア・太平洋人権レビュー●バックナンバー

アジア・太平洋人権レビュー1997
The Transformation of UN Human Rights System: its impact on the Asia-Pacific Region
国連人権システムの変動
アジア・太平洋へのインパクト
国権と覇権の狭間で:国連の人権活動の未来とアジア・太平洋地域/武者小路公秀●人権高等弁務官:レトリックと実態との狭間で/フィリップ・アルストン●国際人権条約と実施機関の役割:その変容と課題/金 東勲●女子差別撤廃条約とアジアの女性の人権/米田眞澄●国連とNGO:地球的な市民参加のうねりと人権/馬橋憲男●アジアにおける先住民族の権利確立に向けて:先住民族の権利に取り組む国連人権機構の歴史と現状/上村英明
4-906531-28-8 C3030 定価2200円(本体)+税

アジア・太平洋人権レビュー1998
Social Development and Human Rights in Asia
アジアの社会発展と人権
社会発展論の展開/西川 潤●「対抗思潮」としての社会権:社会権規約の可能性と課題/阿部浩己●国連における「発展の権利」の検討/山崎公士●アジアにおける人権・発展に関わる課題/川村暁雄●韓国の社会発展と人権・民主化活動/金 東勲●フィリピンの開発政策における社会発展と人権:カラバルソン地域総合開発計画の展開をめぐって/ジェファーソン・プランティリア+横山正樹●タイの社会発展と人権活動/ラダワン・タンティウィタヤピタック●インドネシアの人権状況/アリフ・ブディマン+津留歴子●カンボジアの社会発展と人権状況/川村暁雄●インドのグローバリゼーションと先住民族の権利:生物多様性に関わる伝統的な知識の「所有」をめぐって/斎藤千宏
4-906531-48-2 C3030 定価2800円(本体)+税

アジア・太平洋人権レビュー1999
Cultural Values and Human Rights in Asia
アジアの文化的価値と人権
人権と文化価値との調和:文献概括/ジェファーソン・プランティリア●日本と東アジアの文化的発展:新たな人権文化の可能性/武者小路公秀●アジアの文化的価値と人権の調和:アプローチの有効性:スリランカの経験/バシル・フェルナンド●韓国の展望における文化的価値と人権/オ・ビョン・ソン●ジャワの倫理的規範と人権/ジョハン・フェルディナンド●アジアの文化的価値観と人権:フィリピンの視点から/ディエゴ・G・クエジャダⅡ+ロメリノ・オビナリオ●インドの文化価値と人権推進/セバスチ・L・ラジ/バンシダル・プラダハン●人権とスリランカの仏教倫理/ササンカ・ペレラ●人権と文化、女性/ビナイ・スリニヴァサン
4-906531-78-4 C3030 定価2800円(本体)+税

アジア・太平洋人権レビュー2000
Implementation of the International Covenant on Economic, Social and Cultural Rights in the Asia-Pacific Region
アジア・太平洋地域における社会権規約の履行と課題
社会権規約の実施における国家の義務:「人権」としての社会権が意味するもの/申 惠丰●アメリカ合衆国における社会権の位置づけ/釜田泰介●スウェーデンと社会権/竹崎 孜●韓国における社会権の位相と課題/金 東勲●ニュージーランドにおける社会権規約の履行:11条および12条を中心に/中井伊都子●日本における社会権規約の履行と課題/米田眞澄●フィリピンにおける社会権規約の履行:住居の権利を中心として/岡田仁子●インドにおける社会権の保障/野沢萌子
4-87798-030-X C3030 定価2500円(本体)+税

アジア・太平洋人権レビュー2001
Initiatives and Challenges Against Domestic Violence in the Asia-Pacific Region
ドメスティック・バイオレンスに対する取組みと課題
日本のDV防止法の成立と問題点/戒能民江●韓国の性暴力・家庭暴力関連法施行状況と課題/金 在仁●台湾におけるDV防止法について/戒能民江●インドネシアにおけるDVの法的枠組み/リタ・セレナ・コリボンソ●タイにおける女性に対するDV:男らしさと男性加害者/ビラダ・ソムスワディ●DV禁止法に関するマレーシアの経験/アイヴィ・ジョサイアー+ショーバ・アイヤー●バングラデシュにおける女性に対する暴力の考察/サイラ・ラフマン●DVとニュージーランドの女性/ファリダ・スルタナ●資料1/家庭内における女性に対する暴力:ラディカ・クマラスワミ報告(抜粋)●資料2/女性に対する暴力の撤廃に関する宣言(外務省仮訳)
4-87798-056-3 C3030 定価2500円(本体)+税

アジア・太平洋人権レビュー2002
Initiatives and Challenges Racism in the Asia-Pacific Region
人種主義の実態と差別撤廃に向けた取組み
反人種主義・差別撤廃世界会議後の人種主義との闘い:とくにアジアとエイジアン・ディセンダンツを中心にして/武者小路公秀●在日コリアンおよび移住労働者とその家族に対する人種主義と日本の課題/丹羽雅雄●韓国における移住労働者に対する差別と人権運動/リ・クミョン・セシリア●ドゥッカデー(苦難を背負った人):ビルマからの難民とタイにおける人種主義/クイニー・イースト●人種主義のないマレーシアをめざして/クァ・キャ・スーン●私たちの民族のよりよい生活に向けて/ジャッキー・テ・カニニ●イスラム教徒へのまなざし/八木久美子
4-87798-094-6 C3030 定価1800円(本体)+税